中国制度

面对面

★ 中共中央宣传部理论局

学习出版社

人民出版社

图书在版编目（CIP）数据

中国制度面对面：理论热点面对面 . 2020 / 中共中央宣传部
理论局编 . -- 北京：学习出版社：人民出版社，2020.7（2020.7重印）
ISBN 978-7-5147-0985-8

Ⅰ.①中… Ⅱ.①中… Ⅲ.①中国特色社会主义—社会主义
制度—研究 Ⅳ.① D621

中国版本图书馆 CIP 数据核字（2020）第 116056 号

中国制度面对面——理论热点面对面·2020
ZHONGGUO ZHIDU MIANDUIMIAN——LILUN REDIAN MIANDUIMIAN · 2020
中共中央宣传部理论局

责任编辑：边　极　任　民
技术编辑：纪　边
装帧设计：华鲁印联（北京）科贸有限公司
封面设计：杨　洪　朱梦君

出版发行：学习出版社　人民出版社
　　　　　北京市崇外大街 11 号新成文化大厦 B 座 11 层（100062）
　　　　　010-66063020　010-66061634　010-66061646
网　　址：http://www.xuexiph.cn
经　　销：新华书店
印　　刷：北京尚唐印刷包装有限公司
封面印刷：北京盛通印刷股份有限公司

开　　本：710 毫米 ×1000 毫米　1/16
印　　张：16.75
字　　数：160 千字
版次印次：2020 年 7 月第 1 版　2020 年 7 月第 2 次印刷

书　　号：ISBN 978-7-5147-0985-8
定　　价：25.00 元

出 版 说 明

　　为深化党的十九届四中全会精神的学习宣传贯彻，帮助人们更好理解坚持和完善中国特色社会主义制度、推进国家治理体系和治理能力现代化的各项决策部署，我们在广泛调研的基础上，梳理出16个干部群众关心的重大问题，组织中央有关部门和专家学者撰写了2020年通俗理论读物《中国制度面对面》。本书以习近平新时代中国特色社会主义思想为指导，紧密联系新时代中国特色社会主义制度建设实际，紧密联系干部群众思想实际，进行了深入浅出的解读阐释，力求做到观点权威准确、语言通俗易懂、文风清新简洁、形式活泼多样，可作为干部群众、青年学生进行理论学习和开展形势政策教育的重要辅助读物。

中共中央宣传部理论局

2020 年 7 月

目　录

1

千秋伟业铸巨制

——中国特色社会主义制度是怎么来的?

　　长江黄河奔腾不息,神州大地物换星移。5000 年、180 年、100 年、70 年、40 年、8 年……在滚滚向前的时间轴上,这些节点诉说着中华民族的世事沧桑和苦难辉煌。习近平总书记以深邃的历史眼光鲜明指出:"中国特色社会主义国家制度和法律制度是在长期实践探索中形成的,是人类制度文明史上的伟大创造。"一代又一代中国共产党人长期奋斗、接续探索,为实现"中国之治"而不懈努力。

2019 年金秋十月，硕果累累。党的十九届四中全会在北京召开，审议通过《中共中央关于坚持和完善中国特色社会主义制度、推进国家治理体系和治理能力现代化若干重大问题的决定》（以下简称《决定》），擘画了新时代推进国家制度和治理体系建设的宏伟蓝图。站在历史和未来的交汇点上，人们对中国制度的艰难探索感慨万千，对中国制度的博大精深由衷赞叹，对中国制度的雄浑伟力无比自豪。

一 上下求索 吹沙见金

"凡将立国，制度不可不察也。"所谓制度，概而言之，就是在一定历史条件下形成的政治、经济、文化等方面的规范和准则。人类社会发展史表明，任何一种社会，任何一个国家，要保持长治久安、纲维有序，就必须有一套稳定成熟的制度体系。可以说，天下大治，是古往今来仁人志士孜孜以求的理想。

中华民族是世界上伟大的民族，曾经创造了无与伦比的制

北宋都城东京的繁华景象（刺绣）

度文明，成为世界上许多国家效仿的典范。据史料记载，隋唐朝贡场面盛况空前，"九天阊阖开宫殿，万国衣冠拜冕旒"的景象蔚为壮观。世界进入近代以后，当西方社会正在发生一场影响深远的工业革命和制度革命时，沉湎于"天朝上国"美梦的中国社会，却还在以历史的惯性向前运行。1793年，马戛尔尼率英国使团访华，面对他们带来的西方工业革命的最新成果和信息，乾隆皇帝嗤之为"奇技淫巧"，对西方发生的一切不屑一顾。

在浩浩荡荡的历史洪流中，清王朝的美梦很快就被戳破了。长期以来自给自足的小农经济、几千年沿袭下来的封建专制制度，明显落后于时代发展潮流，不适应工业化大生产，在"洋枪洋炮"面前败下阵来。1840年以后，西方列强屡次发动侵华战争，由于那时制度的腐朽落后，注定了中华民族"四万万人齐下泪，天涯何处是神州"

中国甲午战争博物馆雕塑

的历史命运。为挽民族于危亡、扶大厦之将倾，先进的中国人提出"师夷长技以制夷"，但北洋水师的甲午惨败，深深地惊醒了国人，中国之败表面上是技不如人，根子上是制不如人。自此，中国走上了制度变革探索之路，先后尝试过君主立宪制、议会制、多党制、总统制等种种方案，但都一一碰壁，以失败而告终。

俄国十月革命的胜利，使社会主义从科学理论成为制度现实，让黑暗中彷徨无计的中国人找到了一种新的制度选择。但要在中国建立这样的先进制度，必须有一个先进的政治力量来领导。这个使命历史地落在了中国共产党身上。党从成立之日起，就把建立社会主义制度作为矢志不渝的追求。在长期革命实践中，我们党在局部执政的革命根据地，对建立适合国情的社会制度进行了积极探索。无论是"互助合作运动"还是"工农兵代表大会制度"，无论是"三三制"还是"豆选法"……这些早期实践蕴含着社会主义的制度因素和价值主张，为建立新型国家制度积累了宝贵经验。

新中国的成立，社会主义基本制度的确立，从国体、政

 知识链接

三三制

"三三制"是中国共产党在抗日根据地建立民主政权所采取的制度，主要是在政权机构和民意机关的人员名额分配上，代表工人阶级和贫农的共产党员、代表广大小资产阶级的非党左派进步分子、代表中等资产阶级和开明绅士的中间分子各占1/3。这一制度的成功实践，对建立抗日民族统一战线、反对国民党一党专政起到了积极作用，也为中国共产党领导的多党合作和政治协商制度进行了初步探索。

知识链接◀

豆选法

　　"豆选法"是抗日战争时期陕甘宁边区农民用豆子作选票选出自己中意的候选人的一种政治参与方式。针对当时文盲占绝大多数的情况，在选举时，候选人背对选民坐成一排，每人背后放有一个空碗，18岁以上的村民在领到豆子后，将豆子放在中意的候选人碗中，根据碗中的豆数确定最终人选。图为村民往候选人碗里投豆子。

体以及各方面立起了国家制度体系的"四梁八柱"。人民代表大会制度、中国共产党领导的多党合作和政治协商制度、民族区域自治制度、公有制、劳动保险制度……全方位构建起社会主义制度大厦。当然，由于社会主义在中国这样一个东方大国建立的时间还不长，我们的制度不可避免地存在一些问题和不足。囿于当时的历史条件，我们未能及时发现和消除存在的制度问题，还发生过"文化大革命"这样的全局性错误，对制度造成严重破坏。1980年，邓小平同志在总结"文化大革命"的教训时指出，"领导制度、组织制度问题更带有根本性、全局性、稳定性和长期性"，"制度好可以使坏人无法任意横行，制度不好可以使好人无法充分做好事，甚至会

改革开放初期深圳蛇口工业区宣传标语　　　　1978 年春召开全国科学大会

走向反面"。

改革开放后，我们党在总结制度建设正反两方面经验的基础上，把社会主义制度的"一般性"同中国国情的"特殊性"相结合，立破并举、正本清源，形成了一套具有中国特色的社会主义制度。这套制度对过去行之有效的东西，特别是关系社会主义性质的根本制度，旗帜鲜明地坚持和巩固。比如，重新确立党的思想路线，提出坚持四项基本原则、坚持和完善人民代表大会制度、坚持民主集中制、坚持党对人民军队的绝对领导等，确保我国社会主义始终沿着正确方向前进。同时，对不适应社会生产力发展的体制机制进行大刀阔斧的改革，从有计划的商品经济到建立和完善社会主义市场经济体制，从改革党和国家领导制度到建立基层群众自治制度，从科技体制改革到文化体制改革……这些"中国特色"，极大地激发了我国社会主义制度的生机活力。

党的十八大后，我国内外环境发生深刻变化，对制度改革提出新要求。相比过去，新时代制度建设更多的是解决深层次体制机制问题，对改革的系统性、整体性、协同性要求更高，相应地建章立制、构建体系的任务更重。2013年11月，党的十八届三中全会通过《中共中央关于全面深化改革若干重大问题的决定》；2019年10月，党的十九届四中全会通过《中共中央关于坚持和完善中国特色社会主义制度、推进国家治理体系和治理能力现代化若干重大问题的决定》。两次全会一以贯之，是新时代制度建设的"上下篇"。"上篇"全面推进各领域的改革，明确了制度建设的任务书和着力点；"下篇"系统梳理和集成升华了党和国家各方面的制度，描绘了坚持和完善中国特色社会主义制度的宏伟蓝图，为实现中华民族伟大复兴提供了坚强制度保障。

"人间正道是沧桑。"中国特色社会主义制度不是从天上掉下来的，也不是拍脑袋臆想出来的，而是经过从理论到实践的反复探索、历尽千辛万苦形成的。从大历史的角度审视，从鸦片战争引发中国几千年封建制度"摇摇欲坠"到本世纪中叶中国特色社会主义制度成熟定型，大致分为两个阶段。以新中国成立为节点，第一个阶段是以社会主义为指向、为归依的百年求索，第二个阶段是社会主义立足中国国情、彰显中国特色的百年复兴。

回顾近代以后中国立制、创制的艰辛历程，中国人民苦苦追寻、不懈探索、接力奋斗，有过山穷水尽的迷茫，有过屡试屡败的苦楚，有过照搬照抄的教训，有过成功探索的喜悦，书写了一部在困顿中觉醒、在艰难中摸索、在坚守中创新的壮丽史诗。

二 底蕴深厚 吐故纳新

"春风得意马蹄疾，一日看尽长安花""朝为田舍郎，暮登天子堂""十年寒窗无人问，一举成名天下知"……这些脍炙人口的诗句，是我国古代无数寒门书生金榜题名改变命运的生动写照。科举制度自隋唐时期开始，实行了1300多年，将读书考试同入仕为官紧密联系在一起，破除了世家大族的特权垄断，打开了下层精英参与政治的通道，对我国古代封建制度的运行起到了重要作用。而同时期，欧洲各国在官员选

我国古代状元及第打马游街的情景再现

用上，或实行贵族世袭制、君主恩赐制，或实行个人赠徇制、政党分肥制，容易带来阶层固化和权力垄断等流弊。科举制度传播到欧洲，18世纪后备受西方国家的青睐赞赏，继而被效仿借鉴，成为现代西方文官制度的直接来源。曾旅居中国的英国人格尔斯惊叹道，科举制度是一项伟大的制度发明，可以与中国古代造纸术、指南针、火药的发明相媲美。

知识链接 ◄

欧洲历史上的官员选用制度

贵族世袭制：王公贵族的爵位、官职和领地的更替，通常按照血统关系进行世代传承。

君主恩赐制：君主以恩赐的方式分封大小诸侯，各诸侯也以恩赐的方式任命自己的下属官吏。

个人赡徇制：当权者将国家官职作为赡恩徇私、私相授受的个人物品，赠予亲朋好友。

政党分肥制：竞争获胜的政党将重要行政职位作为酬劳，分配给本党主要骨干。

"天下将兴，其积必有源。"在我国几千年的历史演进中，孕育并形成了关于国家制度和治理的丰富思想。公元前1000多年形成的周礼、周制，"经国家、定社稷、序民人、利后嗣"，有效保证了周朝800年的"国祚绵长"；从春秋战国到秦朝统一，历经几百年建立起相对完善的封建制度，在皇权继承、中央集权、官吏、礼教、土地等方面形成了一整套制度体系，影响了中国2000多年的历史进程。正如毛泽东同志所说，"百代都行秦政法"。

"知所从来，思所将往。"任何一个国家的制度构建，都离不开这个国家的历史传承和文化土壤。走向历史的深处，今天的很多制度都可以找到渊源。

比如，"六合同风、九州共贯"的一统观念。自秦汉以后，

知识链接

我国形成了"海内为郡县、法令由一统"的局面，无论王朝如何更替，国家治理的基本框架得以延续下来，成为一种"超稳定结构"。就拿文字来说，从秦朝的"车同轨、书同文"开始，几千年来天南地北的中国人虽然口音差别很大，但文字是相通的，这成为维护国家统一、增进民族认同的文化纽带和心理基础。即便是处于战乱纷争、政权割据时期，"剑外忽传收蓟北，初闻涕泪满衣裳""王师北定中原日，家祭无忘告乃翁"，也成为时人对国家统一最强烈的表达。

比如，"民惟邦本、本固邦宁"的民本思想。在我国古代，黎民百姓是统治阶级的衣食来源，是支撑国家运行的根本基础。同时，统治者也从历次农民起义中看到民众的力量，明白"水能载舟，亦能覆舟"的道理。因此，自古就有"民贵君轻""得民心者得天下"的治国理念。

比如，"德主刑辅、明德慎罚"的礼教制度。古人把"礼义廉耻"作为国之四维，嵌入社会生活的方方面面。《管子》提出，"四维不张，国乃灭亡"。这句话强调的是，"礼义廉耻"对于国家存续和发展至关重要。隋唐以后，历朝历代都设有礼部，专门掌管国家典章法度、祭祀活动和科举取士等事务，对于维护封建礼法、稳定世道人心发挥了重要作用。

比如，"代天巡狩、整肃纲纪"的巡察体系。早在西周时期，就设立了官职"方伯"，对各诸侯进行巡视监察；汉武帝时期，创设了刺史制度，对地方郡县进行监督和控制；隋唐以后，专设监察御史，掌管监察百官、巡视郡县等事务；明清时期，八府巡按的主要职责就是巡视各省、考核吏治。我国封建社会巡察制度是比较成熟完备的，巡察官员权威极大，"御史出巡，地动山摇""八府巡按，手捧尚方宝剑，八面威风"。众所周知的狄仁杰、包拯、海瑞等御史清官铁面无私、惩恶扬善，他们的故事至今传为美谈。

"明镜所以照形，古事所以知今。"在绵延不绝的中华历史中，古人以其智慧创造的取之不尽、用之不竭的政治资源，为今天完善国家制度和治理体系提供了重要镜鉴。

狄仁杰　　　　　　包　拯　　　　　　海　瑞

三　一脉相承　焕发生机

20世纪80年代末90年代初，在国际局势风云变幻特别是苏联解体、东欧剧变，世界社会主义运动陷入低潮时，国外一些人断言"社会主义倒台了""共产主义终结了"，国内也有一些人质疑"红旗到底还能打多久"。面对这种"黑云压城城欲摧"的局面，邓小平同志坚定地指出，不要认为马克思主义就消失了，没用了，失败了。哪有这回事！我们对社会主义的前途充满信心。30年弹指一挥间。今天，当我们重温那段历史，可以清楚地看到，历经时代的洗礼，中国特色社会主义大旗不仅举稳了，而且举得更高了，科学社会主义在中国焕发出新的生机活力，社会主义制度的优越性在中国得到充分彰显。

托马斯·莫尔描述的乌托邦岛图景

以1516年英国人托马斯·莫尔《乌托邦》出版为标志，社会主义诞生，历经从空想到科学、从理论到实践、从一国到多国，演绎了一幕幕兴衰成败的历史活剧。马克思、恩格斯对社会主义制度有过很多设想，但大多只是理念和原则上的构想，并未真正付诸实践。苏联作为人类历史上的第一个社会主义国家，探索出很多制度建设的经验，但后来逐渐走向僵化，再后来又在变革中改旗易帜，偏离了正确方向，直至亡党亡国。

中国人民选择社会主义，是历史的必然。但如何建设社会主义，发挥社会主义制度的优势，使国家更快发展起来，却是一个崭新的课题。新中国成立70多年来，我们党领导人民把科学社会主义基本原则同中国具体实际相结合，走出了一条独具特色的制度探索之路。

"万丈高楼平地起"，我们是在社会生产力发展不充分的国度里探索制度之路。社会主义制度作为一种较为高级的制度形态，一般情况下是资本主义发展到一定阶段的必然产物，是建立在经济文化高度发达基础之上的。但在现实中，社会主义制度的建立是在经济文化落后

1960年4月29日大庆油田万人誓师大会

的国家首先实现的。新中国成立之初，我国是世界上最贫穷落后的国家之一，经济基础十分薄弱。如何尽快摆脱一穷二白的贫困状况，最根本的就是大力解放和发展生产力。70多年来，我们党高度重视经济建设，牢牢扭住发展这个主题不放松，创造了人类经济史上的发展奇迹，使社会主义制度的优越性得到充分体现。

"百舸争流千帆竞"，我们是在发展不平衡的国度里探索

❤️〰️ **云热评** ◂

◉ 中国制度滋养丰厚、根红苗正、枝繁叶茂，是人类制度史上的参天大树。

◉ 我们的制度源自中国人民的长期实践，是最接地气、最有韧性、最具活力的"硬核"制度模式。

◉ 中国制度就是把科学社会主义的"概念图"变成中国特色社会主义的"施工图"。

◉ 这套制度不是传统制度的"食古不化"，不是西方制度的"削足适履"，也不是对经典作家制度设计的"生搬硬套"。

◉ 今天要找寻中国特色社会主义制度的渊源，目的就是更好地走向明天。

制度之路。社会主义的本质，就是要消除两极分化，最终达到共同富裕。我国幅员辽阔，地区之间自然禀赋和发展基础不同，城乡差异较大，"整齐划一、齐头并进"的发展是不现实、不可能的。改革开放40多年来，我们党正确处理公平与效率的关系，采取非均衡发展战略，鼓励一部分地区和一部分人先富起来，以先富带后富，逐步实现共同富裕。通过设立经济特区、开放沿海沿边沿江沿线城市、搞活乡镇企业和私营经济等政策，使东部地区率先发展起来。这些年，国家不断加大转移支付、脱贫攻坚等方面的力度，促进生产力相对落后地区的发展。

"唤起工农千百万"，我们是在人口众多的条件下探索制度之路。国家统计局数据显示，截至2019年年末，我国总人口已突破 14 亿。在人口规模如此庞大的国家实现现代化，人类历史上从未有过。17 世纪，荷兰崛起时人口是百万级的；19 世纪，英国崛起时人口是千万级的；20 世纪，美国崛起时人口是上亿级的。如何将社会主义建设与 10 多亿级人口的超大规模国家具体国情相结合，变人口压力为发展动力，是一个巨大的挑战。我们党凭借强大的组织动员能力，团结带领广大人民同心干，凝聚起建设社会主义的磅礴力量。

"乱云飞渡仍从容"，我们是在波谲云诡的国际环境中探索制度之路。从近百年来世界社会主义发展史看，尽管资本主义和社会主义的力量有所消长，但总体上"资强社弱"的国际格局并没有根本改变。"一年三百六十日，风刀霜剑严相逼。"社会主义中国从成立到发展，长期处在严酷的国际环境之中，可谓在夹缝中求生存、在压力下谋发展。面对资本主义的封锁围

🎤 **权威声音** ◀

人类制度文明史上的伟大创造

何毅亭［中共中央党校（国家行政学院）分管日常工作的副校（院）长］：中国特色社会主义制度和国家治理体系，就是中国共产党团结带领中国人民在推翻帝国主义、封建主义和官僚资本主义的反动统治之后，创造性地运用马克思主义国家学说，深刻总结国内外正反两方面经验，在不断探索实践、不断改革创新中建立起来的保证亿万人民当家作主的全新国家制度和国家治理体系。

堵和遏制打压，我们始终坚持独立自主、自力更生、艰苦奋斗，坚定不移走自己的路，"任凭风浪起，稳坐钓鱼船"。在两种社会制度长期的较量和竞争中，我们不仅生存下来，还一步步发展壮大。

四　海纳百川　兼收并蓄

"他山之石，可以攻玉。"翻开人类文明史可以看到，任何文明都不可能在自我封闭中独立发展，需要借鉴和吸收其他文明的优秀成果来发展和完善自己。从我国古代来看，唐朝以"自古皆贵中华，贱夷狄，朕独爱之如一"的宽广胸襟，成就了大唐盛世；清朝因"天朝物产丰盈，无所不有，原不藉外夷货物以通有无"的狭隘眼界，导致了落后挨打。其中的道理不辩自明。

在经济文化相对落后的基础上建设社会主义，不能照搬照抄，不能想象突然搬来一座"飞来峰"，必须从国情出发，从实际出发，坚持以我为主、为我所用，吸收借鉴其他文明成果来发展自己。中国特色社会主义制度立足国情、面向世界，天然就具有开放包容的品格，善于学习借鉴包括资本主义国家在内的世界其他国家的文明成果，在博采众长中不断自我发展和完善。

先从学习社会主义国家的成功经验来说。新中国成立初期，由于缺乏社会主义革命和建设的经验，我们以苏为师，走苏联人的路。当时有这样的说法，"苏联的今天就是我们的明天""苏联就是我们学习的楷模"。通过学习借鉴苏联经验，我国在较短时间内完成了社会主义改造，确立了社会主义制度，开展了大规模建设，巩固了新生的人民政权。

再就学习资本主义国家的有益成果而言。工业革命以来的几百年间，西方一些资本主义国家在经济、科技等方面积累了丰富经验，取得了许多文明成果。其中很多成果并不专属于资本主义，而是人类文明的共同成果，对社会主义同样有用。改革开放后，我国搞社会主义市场经济，也借鉴了西方国家的某些先进做法。从引进现代化生产线到实施职业经理人制度，从建立资本市场到股份制改革，从通信技术迭代到互联网发展……这些"舶来品"，经过引进、消化、吸收和创新发展后，在我国社会主义市场经济大潮中"生根发芽""枝繁叶茂"，有效推动了我国经济跨越式发展。

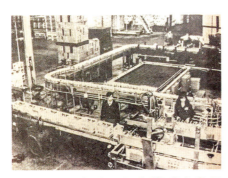

20世纪80年代深圳市饮乐汽水厂引进国外先进生产线

1990年我国内地第一家证券交易所成立

列宁曾说，建设社会主义就像攀登一座未经勘探、人迹未至的高山。中国特色社会主义制度来之不易，是从中华民族悠久历史中传承下来的，是从近代以来深重苦难中求索出来的，是从我们党近百年接续奋斗中创造出来的，其过程无比艰辛，其成果无比辉煌。在实现民族复兴的千秋伟业中，通过一代又一代中国共产党人的不懈努力，彪炳史册的中国特色社会主义制度必将发扬光大。

深度阅读

1.《中共中央关于坚持和完善中国特色社会主义制度、推进国家治理体系和治理能力现代化若干重大问题的决定》，人民出版社 2019 年版。

2.习近平：《关于〈中共中央关于坚持和完善中国特色社会主义制度、推进国家治理体系和治理能力现代化若干重大问题的决定〉的说明》，《人民日报》2019 年 11 月 6 日。

扫一扫

喜看稻菽千重浪

——中国特色社会主义制度为什么好？

　　2020 年伊始，一场突如其来的新冠肺炎疫情肆虐中华大地。这次疫情是新中国成立以来我国遭遇的传播速度最快、感染范围最广、防控难度最大的一次重大突发公共卫生事件。以习近平同志为核心的党中央统筹全局、果断决策，坚持把人民生命安全和身体健康放在第一位，全党全军全国各族人民上下一心、全力以赴，同时间赛跑、与病魔较量，坚决打赢疫情防控的人民战争、总体战、阻击战。从武汉果断封城到全国各地严防死守，从数万名医护人员逆行驰援到 19 个省份对口支援，从全力遏制疫情蔓延势头和维护安全稳定两不误到统筹疫情防控和经济社会发展，从外防输入内防扩散到做好常态化疫情防控工作……这场感天动地的伟大战"疫"，所迸发的磅礴力量横扫一切病魔阴霾，所彰显的中国制度优势让世人为之惊叹。

习近平总书记指出："防控工作取得的成效，再次彰显了中国共产党领导和中国特色社会主义制度的显著优势。"疫情是制度优劣的"透视镜"，相较于某些西方国家抗击疫情效率低下、应对不力，中国特色社会主义制度具有强大的政治领导力、社会号召力、群众组织力和资源调配力。2020 年 5 月 6 日，新加坡一家民调机构针对全球 23 个国家和地区抗疫表现所作的民意调查显示，中国以 85 分位居榜单之首，而西方主要国家的分数大都在全球平均分（45 分）以下。衡量一种制度到底优越不优越，关键要从它在国家危急关头的现实表现来考察，从它的治理效果来评判。经过 70 多年发展的中国特色社会主义制度，其治理优势和效能，不仅能从理论上进行透彻阐释，而且在实践中已经得到充分印证。

中国制度好在哪儿

曾几何时，西方资本主义制度被奉为圭臬，"往西看""向

西方取经"成为许多发展中国家的唯一路径选择，"现代化就是西方化""西方自由民主制度是历史的终结"几乎成了定论；而如今，西方资本主义制度疾病缠身、麻烦不断，欧美国家乱象频发，一些追随者纷纷陷入"民主陷阱""发展陷阱"。与"西方之乱"不同，中国在经济发展和社会稳定上创造了世界奇迹，中国制度无论是在平时还是在危急时刻都展现出强大的优越性和有效性。许多国家纷纷"向东看"，探寻"中国之治"的制度密码，希望从中找到解决自身问题的良方。

历史唯物主义认为，生产力同生产关系、经济基础同上层建筑的矛盾运动，推动人类社会从低级向高级发展。制度属于上层建筑，必须适应经济基础的状况，必须适合社会生产力发展的要求。社会主义制度之所以优于资本主义制度，说到底，就是因为它更能满足越来越发达的社会化大生产对制度的要求，代表了当今世界先进社会生产力的发展方向。我们常讲，中国特色社会主义制度是个好制度，最根本的就是好在这里。

党的十九届四中全会立足中国特色社会主义事业发展全局，从 13 个方面系统总结了中国制度的显著优势。这既是理论层面的概括提炼，也是生动实践的深刻总结，更是亿万人民的切身感受。

比如，这是以科学理论

知识链接

中国特色社会主义制度的13个显著优势

一、坚持党的集中统一领导，坚持党的科学理论，保持政治稳定，确保国家始终沿着社会主义方向前进的显著优势；

二、坚持人民当家作主，发展人民民主，密切联系群众，紧紧依靠人民推动国家发展的显著优势；

三、坚持全面依法治国，建设社会主义法治国家，切实保障社会公平正义和人民权利的显著优势；

四、坚持全国一盘棋，调动各方面积极性，集中力量办大事的显著优势；

五、坚持各民族一律平等，铸牢中华民族共同体意识，实现共同团结奋斗、共同繁荣发展的显著优势；

六、坚持公有制为主体、多种所有制经济共同发展和按劳分配为主体、多种分配方式并存，把社会主义制度和市场经济有机结合起来，不断解放和发展社会生产力的显著优势；

七、坚持共同的理想信念、价值理念、道德观念，弘扬中华优秀传统文化、革命文化、社会主义先进文化，促进全体人民在思想上精神上紧紧团结在一起的显著优势；

八、坚持以人民为中心的发展思想，不断保障和改善民生、增进人民福祉，走共同富裕道路的显著优势；

九、坚持改革创新、与时俱进，善于自我完善、自我发展，使社会始终充满生机活力的显著优势；

十、坚持德才兼备、选贤任能，聚天下英才而用之，培养造就更多更优秀人才的显著优势；

十一、坚持党指挥枪，确保人民军队绝对忠诚于党和人民，有力保障国家主权、安全、发展利益的显著优势；

十二、坚持"一国两制"，保持香港、澳门长期繁荣稳定，促进祖国和平统一的显著优势；

十三、坚持独立自主和对外开放相统一，积极参与全球治理，为构建人类命运共同体不断作出贡献的显著优势。

特别关注

《习近平谈治国理政》是全面系统反映习近平新时代
中国特色社会主义思想的权威著作

《习近平谈治国理政》第
一卷、第二卷、第三卷收入了
习近平总书记从党的十八大闭
幕后至 2020 年 1 月 13 日期间
的报告、讲话、谈话、演讲、
指示、批示、贺电、贺信等，
是全面系统反映习近平新时

代中国特色社会主义思想的权威著作。图为 2020 年 6 月出版的
《习近平谈治国理政》第三卷中英文版。

为指引的好制度。道路决定命运。走什么样的路，如何避免走
错路，关键是要有思想理论的科学指引。社会主义中国之所以
能够在建设和改革中筚路蓝缕、披荆斩棘，从胜利走向新的胜
利，最根本的就在于有马克思列宁主义、毛泽东思想、邓小平
理论、"三个代表"重要思想、科学发展观、习近平新时代中
国特色社会主义思想的正确指引。习近平新时代中国特色社会
主义思想是当代中国马克思主义、21 世纪马克思主义，是新时
代全党全国人民的思想之旗和精神之魂。这一思想紧紧围绕实
现中华民族伟大复兴中国梦的宏伟目标，把人民福祉、党的使
命和国家前途贯通起来，为人民谋幸福、为民族谋复兴、为世

老外看中国

外国政要高度评价中国抗击疫情的成效和经验

⊙ **联合国秘书长古特雷斯：** 新冠肺炎疫情是一个巨大的挑战，在如此复杂的情况下总是很难迅速找到解决办法，中国作出了强大且令人印象深刻的反应，为抗击疫情付出了巨大努力。

⊙ **国际奥委会主席巴赫：** 我对中国人民正在作出的努力表示全力支持、高度赞赏和崇高敬意。中国人民正在积极有序抗击疫情，习近平主席亲自指挥、部署，给我们增添了信心。

⊙ **上海合作组织秘书长诺罗夫：** 中国政府采取果断有力举措，特别是公开透明发布疫情信息，不仅体现了中国政府对人民生命健康的高度负责，也为地区和世界公共卫生事业发展作出重大贡献。相信勤劳勇敢、智慧坚强的中国人民一定能够在最短时间内打赢疫情防控阻击战。

⊙ **委内瑞拉总统马杜罗：** 中方为应对疫情采取了创新举措，为保护人民作出巨大努力，彰显了中国制度的优越性，相信中国必胜！

⊙ **阿尔及利亚总统特本：** 中国政府为抗击疫情付出了巨大努力，为保障国际和地区公共卫生安全作出积极贡献。

界谋大同，成为指引当代中国一切发展进步的强大思想武器。

比如，这是有党的坚强领导的好制度。党的领导是中国特色社会主义最本质的特征。正是因为马克思主义政党和科学社会主义天然的共生关系，决定了只要坚持党的领导，社会主义就变不了色、改不了道。从社会主义国家的发展史来看，凡是坚持和加强党的领导，社会主义就能够江山稳固；凡是削弱和放弃党的领导，社会主义就会改旗易帜。正如毛泽东同志所说，"革命党是群众的向导，在革命中未有革命党领错了路而革命不失败的"。党的领导不仅确保了国家发展的正确方向，而且能够保证我们的路线方针政策一以贯之，"一张蓝图绘到底"。而西方国家的政党"你方唱罢我登场"，大多只能考虑任期内的事，没法从长远来谋划，即使制定了长期政策，也会被后任像"翻烧饼"似的推倒重来。

 直播现场 ◀

火神山医院和雷神山医院

　　新冠肺炎疫情暴发后，为解决医疗资源不足的难题，中央决定在疫情最为严重的武汉市建造火神山、雷神山抗击新冠肺炎专科医院。两所医院从选址、设计到建成分别仅用了10天、14天，彰显了震惊世界的"中国速度"。之所以这么"硬核"，主要是有党中央的坚强领导，有来自16个省份的建设队伍参与，有各地医疗资源和医疗设备集中调运保障，这是集中力量办大事制度优势的集中体现。

比如，这是以人民为中心的好制度。在我国制度体系中，人民代表大会制度、民族区域自治制度、基层群众自治制度、基本经济制度、文化权益保障制度、民生保障制度和社会治理制度等，无不鲜明地体现了人民至上的崇高理念。这同资本主义国家名义上"民有民治民享"、实质上"以金钱资本为中心"有根本不同。举例来说，无论我国什么地方发生火灾，消防员都会第一时间赶到现场，不惜一切代价扑灭火情。而资本主义

 直播现场 ◄

"世界最难掘进隧道"大柱山隧道全隧贯通

　　大柱山隧道是大瑞铁路上的一条隧道，全长14.5公里，地质极其复杂多变，施工难度极大，技术难题众多，被称为"世界最难掘进隧道"。从2008年开工建设，经过12年的艰难施工，于2020年4月28日全隧贯通。隧道开通后，火车穿越隧道只需7分钟，但劳动者们却付出了长时间的努力。修建大柱山隧道，体现了中国人民迎难而上、坚忍不拔的精神品质，彰显了我国集中力量办大事的制度优越性。图为施工现场和全隧贯通时的庆祝场景。

直播现场

北斗卫星导航系统"收官之星"发射成功

2020 年 6 月 23 日 9 时 43 分，我国在西昌卫星发射中心用长征三号乙运载火箭，成功发射北斗卫星导航系统第 55 颗卫星，即北斗三号最后一颗全球组网卫星。这标志着

北斗三号全球卫星导航系统星座部署全面完成，将为全球用户提供全天时、全天候、高精度的定位、导航和授时等服务。

国家就不同，2019 年美国加州发生了一场山火，消防员"谁交费先救谁"，优先保护富人的豪宅，没交消防费的住户只能望"火"兴叹，眼睁睁地看着自己的房产化为灰烬。肆虐的大火，犹如人间炼狱，烧出了资本主义的残酷真相。

比如，这是集中力量办大事的好制度。三峡工程 18 年移民 130 多万、扶贫脱贫几十年如一日、挖通一个隧道历时十几年、南水北调跨越半个中国……这些需要调动的资源和力量之巨是无法想象的，其他国家很难做到。特别是，这个显著优势在抗击新冠肺炎疫情中得到集中体现。我们坚持全国一盘棋，统一指挥、统一行动，举全国之力，集优质资源，为战胜疫情形成了强大合力。在我国，党发挥总揽全局、协调各方的作

特别关注

选调生是党政领导干部的重要后备力量

　　选调生是指省级组织部门从高校选调的优秀大学生。他们直接进入地方基层党政部门工作，作为党政领导干部后备人选进行重点培养。这一制度最早可追溯到20世纪60年代，至今已有50多年的历史，共遴选了约30万名选调生，成为培养造就高素质干部队伍的一项重要举措。图为选调生参与疫情防控。

用，从而具有超强整合力、强大动员力和高效执行力；公有制占主体地位，从而能够充分调动各方面资源；坚持以民主集中制为根本组织原则和领导制度，从而确保全党服从中央、地方服从全局，等等。所有这些，都确保了全党、全社会能够做到上下一条心、劲往一处使。

　　比如，这是为事业聚英才的好制度。在我国，选拔优秀干部和各方面人才，不是为了一党、一派的私利，而是坚持天下为公、五湖四海、任人唯贤，有效避免了西方国家党派纷争、利益偏狭等弊病。我们每一级干部的选拔，都要经过严格的程序，历经长期的政治锻造和实践锻炼。平均来算，一个干部从入职到成长为正部级领导干部，需要从 700 多万个干部中脱颖而出，经历时间至少 23 年。而在西方某些国家，连一天从政经验也没有的人，居然能堂而皇之竞选当上总统，并用一些职位来回报"金主"，这同我国的"贤能政治"有着本质差别。

制度优势是一个国家的最大优势，国家之间的竞争表面上是经济、科技和军事等实力强弱的比拼，深层次上是制度优劣的竞争。中国特色社会主义制度是以马克思主义为指导、植根中国大地、具有深厚中华文化根基、深得人民拥护的制度，是具有强大生命力和巨大优越性的制度。

二 "两大奇迹" 的制度密码

京冀大地，凤凰展翅。2019 年 9 月，拥有世界最大规模单体航站楼的北京大兴国际机场正式投入运营。这座现代化机场仅用了 5 年时间就建成，建筑面积约 140 万平方米，耗资 800 亿元人民币，年旅客吞吐量可达 1 亿人次，创造了世界建

北京大兴国际机场

筑史上的多个之最，引起国内外广泛关注。英国《卫报》发布的"世界新七大奇迹"中，北京大兴国际机场位列榜首；美国有线电视新闻网（CNN）也评价，这座新机场是 2019 年全世界最激动人心的建筑。

北京大兴国际机场的惊艳亮相，是新中国发展成就的一个缩影，集中彰显了中国特色社会主义制度的巨大威力和实践成效。70 多年来，党带领人民坚持和发展中国特色社会主义制度，不断发挥制度的优越性和有效性，在 960 多万平方公里的广袤大地上，创造了彪炳史册的人间奇迹。

所谓奇迹，就是极不平凡、很难做到的事情。党的十九届四中全会把新中国 70 多年来发展的伟大成就概括为"两大

123 数说中国 ◄

2019 年中国的"世界第一"

⊙ 制造业拥有联合国产业分类中全部工业门类，全年货物进出口总额 315505 亿元人民币，外汇储备 31079 亿美元，均稳居世界第一。

⊙ 高速铁路运营里程突破 3.5 万公里，高速公路里程超过 14 万公里，均位居世界第一。

⊙ 全国粮食总产量 6.6 亿吨，是世界第一大产粮国。

⊙ 全年境内外专利申请 438 万件，授予专利权 259.2 万件，《专利合作条约》（PCT）专利申请提交量 5.899 万件，均名列世界第一。

直播现场

中国 2020 珠峰高程测量登山队成功登顶

　　2020 年 5 月 27 日 11 时整，中国 2020 珠峰高程测量登山队 8 名队员成功登顶"地球之巅"珠穆朗玛峰，为其测量高度。2020 年是中国首次从北坡成功登顶珠峰 60 周年、首次精确测定并公布珠峰高程 45 周年，开展此次珠峰高程测量具有重要意义。

奇迹"，即"世所罕见的经济快速发展奇迹和社会长期稳定奇迹"。"两大奇迹"之所以能被创造出来，是党带领人民长期不懈奋斗的必然结果，也是我国国家制度和治理体系显著优势充分发挥的必然结果。

　　发展奇迹"惊天地"。新中国成立前，我国百业凋敝、一贫如洗，经济基础十分薄弱。当时，我国的"人均钢铁产量只够打一把镰刀"，连一辆汽车、一架飞机、一辆坦克、一辆拖拉机都不能制造。现在，中国已拥有通车里程位居世界第一的高速公路，高铁运营里程超过世界 2/3，掌握超过全球 1/3 的 5G 标准必要专利。短短 70 多年间，我国从白手起家到赶超世界、从落后时代到赶上时代再到引领时代，走完了发达国家几

 **云热评**

> ⊙ 面对中国抗击疫情显示出的制度优势，一些西方人士虽然口头上"diss"中国，但心里不得不"I 服了 You"。
>
> ⊙ 一个国家的制度好不好、优不优，关键是让人民评判、用事实说话。
>
> ⊙ 有一叶舟叫风雨同舟，有一颗心叫万众一心，有一座城叫众志成城，这就是无坚不摧的中国力量。
>
> ⊙ 智慧满满、优势多多、硕果累累，中国制度"奥利给"！
>
> ⊙ 从历史中走来的中国制度日渐成熟，内可强国富民，外可协和万邦，成为人类文明星空中最亮的那一颗。

百年走过的工业化进程，建成了世界上最完备的工业体系，跃居世界第二大经济体，成为世界制造业第一大国、货物贸易第一大国、外汇储备第一大国。2019 年我国 GDP 达到 99.1 万亿元人民币、人均 GDP 迈上 1 万美元的台阶，连续多年对世界经济增长的贡献率达到 30% 左右。

是什么推动中国经济腾飞？有人归结为人口红利、资源禀赋、环境容量等"比较优势"，但这些因素只能带来一时增长，无法支撑中国经济长期快速发展，起根本性作用的是制度的威力。农村家庭联产承包责任制就是一个很好的例证，地还是那些地，人还是那些人，通过改革激发出体制机制的活力，产量和效率就大大提升。西方有些人虽然不得不承认我国发展的客观现实，却不愿承认其背后的制度原因。事实上，我们把社会主义基本原则同资本主义有益因素结合起来，既强有力地主导经济发展的大局，又注重释放经济发展的动力和潜能，确保中国经济列车沿着正确的轨道快速前行。

稳定奇迹"羡世人"。当前，我国社会安定有序，人民安居乐业。联合国有关机构数据显示，我国每10万人中命案发生不到1起，低于德国、英国、澳大利亚、加拿大、美国等西方发达国家，在世界主要国家中处于极低水平。在当今世界国际乱局交织、局部冲突和动荡不断、恐怖袭击和个人极端事件频发的大背景下，中国作为一个拥有14亿多人口、幅员辽阔的发展中大国，能在快速变革和发展中保持总体稳定，可谓独一无二。而有些国家宣扬人生而有"免于恐惧的自由"，事实上他们的国民拥有的却是恐惧中的自由。

是什么保持社会长期稳定？在我国，有着强有力的领导体

在线答疑

问：什么是"免于恐惧的自由"？

答："免于恐惧的自由"这个概念，出自第二次世界大战期间美国总统罗斯福的演讲，他认为民主政治发展的目标就是要让人有"免于恐惧的自由"。但70多年过去了，西方民主政治的发展并没有给人们带来想要的安全，不仅效仿他们制度的一些国家没有获得"免于恐惧的自由"，连西方国家民众的安全感也得不到保障。这次疫情在欧美国家的大流行，就充分地证明了这一点。

制和自上而下的组织体系，构建起"横向到边、纵向到底"的社会治理网络，确保整个社会大局平稳可控。同时，我国有着科学完善的利益协调、矛盾化解、诉求表达、决策参与和应急管理等机制，能及时有效消除不稳定、不安全因素，发现和解决苗头性问题，做到"明察秋毫之末""防患于未然"。

评判一种制度是否行得通、有效率、真管用，实践最有说服力。面对中国取得的伟大成就，世界上越来越多的人，甚至一些戴着有色眼镜的人，也不得不承认中国制度的独特优势。

三 坚定中国制度自信

2019 年年初以来，一档思想政论节目《这就是中国》在东方卫视热播，圈粉无数，引起广泛关注和好评。节目以宽广的国际视野和通俗的表现手法，采用"演讲 + 真人秀"的形式，不仅向观众呈现一个客观立体真实的中国，而且深度挖掘中国发展的制度原因。凡是收看过该节目的观众，都被一个个精彩的中国故事所打动，无不为其中透射出的强烈制度自信所感染。

《这就是中国》节目现场

特别关注

回国发展成为很多中国留学生的首选

近年来，越来越多的中国留学生毕业后回国发展，选择在国内就业创业，成为新时代中国特色社会主义事业发展的一支重要力量。2019年12月，教育部发布的《中国留学回国就业蓝皮书2019》显示，有近八成的学成留学人员选择回国发展。图为留学生专场招聘会。

　　制度自信，简单地说，就是对自己国家社会制度的认同、坚守和捍卫。在"四个自信"中，制度自信更具体、更显现、更刚性。可以说，制度自信是道路自信、理论自信、文化自信的集中体现，是增强"四个自信"的强大底气和有力支撑。自信常常是"顺境中易、逆境中难"。今天我们强调制度自信，就是因为有些人还有不自信的问题，总觉得外国的月亮比中国的圆，需要从思想上、精神上多补点"钙"。特别是在目前社会主义同资本主义力量对比总体处于弱势的情况下，增强制度自信关乎道路方向，关乎前途命运，尤为重要、非常紧迫。

　　宣传教育强认同。制度宣传教育犹如在人们心中播撒种子，必须日积月累、潜移默化。要通过多种行之有效的方式，引导全党全社会充分认识中国特色社会主义制度的本质特征和优越性，认识我国国家制度和治理体系建设取得的历史性成就，认识形成这套制度的宝贵经验和基本原则，切实增强认同感和自信心。制度宣传教育需要长期坚持、久久为功，要纳入干部教育培训体系，贯穿国民教育全过程，体现到人民群众的日常生活之中，真正把制度自信内化于心、外化于行。

讲好故事增了解。"酒香也怕巷子深。"700 多年前东西方鲜有交往，意大利人马可·波罗撰写的游记，把一个富饶强大的中国带到了欧洲人的面前。这本书犹如一把钥匙，向欧洲打

特别关注 ◄

"读懂中国"国际会议成为讲好中国故事的重要平台

"读懂中国"国际会议自 2013 年起，已成功举办 4 届，是世界认识中国发展战略、增进中外相互了解的最具影响力的平台之一。2019 年 10 月 26—27 日，第四届"读懂中国"国际会议在广州召开，以"新一轮经济全球化和中国改革开放再出发"为主题，来自全球的约 600 位政治家、战略家、理论家和企业界人士相聚一堂，展开深入研讨和交流。

权威声音

制度优势必须倍加珍惜、全面坚持

唐方裕（中共中央办公厅副主任）：中国特色社会主义制度和国家治理体系具有显著优势，涵盖广泛，十分厚重，是中国特色社会主义本质特征的具体体现，也是几代中国共产党人把马克思主义基本原理同中国具体实际相结合，在治国理政中不懈探索奋斗的结晶，具有深厚的理论基础和实践支撑，是我们坚定中国特色社会主义道路自信、理论自信、制度自信、文化自信的基本依据，必须倍加珍惜、全面坚持。

开了神秘的东方之门，对西方人的东方观产生了重要影响。在国际交往日益频繁的今天，讲好中国故事，对于塑造国家形象、增强影响力至关重要。目前，我国在国际上一定程度还存在"有理说不出，说了传不开，传开叫不响"的问题。改变这种被动局面，最要紧的是采取合适的方法，求同存异、聚同化异，适应受众的接受习惯，创新传播方式，善于借用"外嘴"说话，生动讲好中国故事，展示一个更加真实的中国，让世界更好了解中国制度的基本理念和特色优势。

正本清源辨是非。近些年来，国际上有一些人对中国特色社会主义制度不甚了解，有的还存在误解误读，甚至故意歪曲抹黑。有人说中国特色社会主义是"资本社会主义"，还有人干脆说是"国家资本主义""新官僚资本主义"。这些谬论试图搞乱人们的思想，动摇广大干部群众的制度自信。对这些错误观点必须旗帜鲜明予以批驳，明辨是非、激浊扬清。讲清楚中国特色社会主义制度的原则性和独特性、科学性和合理性，有利于更充分地彰显中国特色社会主义的显著优势和旺盛生命力。

"自信人生二百年，会当水击三千里。"继往开来，熠熠生辉的中国制度，必将为中华民族伟大复兴开启壮美航程；放眼世界，魅力四射的中国制度，必将为人类制度文明宝库增添璀璨光彩。

 深度阅读 ◄

　　1.习近平：《坚持、完善和发展中国特色社会主义国家制度与法律制度》，《求是》2019年第23期。

　　2.中华人民共和国国务院新闻办公室：《抗击新冠肺炎疫情的中国行动》，《人民日报》2020年6月8日。

扫一扫

沧海横流显砥柱

——党的领导制度体系为何摆在首位？

　　2020 年 1 月 7 日，北京中南海，中共中央政治局常委会召开会议，听取全国人大常委会、国务院、全国政协、最高人民法院、最高人民检察院党组工作汇报，听取中央书记处工作报告，并对新的一年工作提出明确要求。这项制度性安排从 2015 年开始，已经实施了 6 次，对于维护党中央权威和集中统一领导意义十分重大，对于全党起到极为重要的示范作用。党的十九届四中全会把坚定维护党中央权威和集中统一领导的各项制度作为党的领导制度体系的重要内容，强调要毫不动摇地坚持和完善，为确保全党在思想上政治上行动上同以习近平同志为核心的党中央保持高度一致提供有力制度保证。

党政军民学，东西南北中，党是领导一切的。中国共产党领导是中国特色社会主义最本质的特征，是中国特色社会主义制度的最大优势。党的领导制度是我国的根本领导制度。党的十九届四中全会把坚持和完善党的领导制度体系放在首要位置，突出了党的领导制度体系的统领地位，抓住了国家治理的关键和要害。这是对新时代我国国家制度和治理体系建设提出的根本政治要求，是确保中国特色社会主义事业始终沿着正确方向前进的根本制度保证。

一 众星捧月 定海神针

19世纪三四十年代，欧洲先后发生了著名的法国里昂丝织工人两次武装起义、英国宪章运动、德国西里西亚纺织工人起义三大工人运动，标志着无产阶级作为一支独立的政治力量登上了历史舞台。但由于缺乏先进领导力量和崇高社会理想，自发的工人运动最终难逃失败的命运。

青年时期的马克思和恩格斯

1848年，两个年轻人共同撰写的《共产党宣言》横空出世，第一个马克思主义政党"共产主义者同盟"有了自己的行动纲领，社会主义从人们的美好想象变为科学的革命运动。从此，马克思主义政党和科学社会主义这对"孪生兄弟"，在世界社会主义运动潮起潮落中相伴而行、休戚与共。

中国革命是在中国共产党领导下取得胜利的，这决定了我国必然走上社会主义道路。70多年伟大征程波澜壮阔，党领导人民在筚路蓝缕中艰难起步，在封闭僵化中勇毅破局，在严峻考验中坚强捍卫，在伟大斗争中砥砺前行……中国共产党同当代中国的发展进步、中国特色社会主义的勃勃生机紧密联系在一起。可以说，中国有了中国共产党执政，是中国、中国人民、中华民族的一大幸事。

上海市兴业路中共一大会址

浙江省嘉兴市南湖红船

唯有高瞻远瞩的"领路人"，中国特色社会主义旗帜才能始终高高飘扬。旗帜决定方向，道路决定命运。新中国成立后，每当重大历史关头，我们党高高举起社会主义旗帜，确保红色基因代代赓续。新生政权刚刚建立时，针对中国应该选择何种社会制度，社会上还有不同看法，但我们党坚定地认为，中国一定要进入社会主义。进入新时期，改革成为共识，但往哪儿改、改什么还存在争论。对这个问题我们党非常明确，无论是对内搞活经济还是对外开放，都必须在社会主义原则下进行，如果没有这个前提，改革就有可能改向，变革就有可能变色。正因为有党的举旗定向，才保证了中国特色社会主义江山永固、基业长青。

唯有不屈不挠的"革命者"，中国特色社会主义航船才能破浪前行。社会主义是一项崭新的事业，中国特色社会主义这艘航船开辟的是未知航道，前方有许多旋涡、暗礁和险滩，需要不断探索和突破。我们党是一个大无畏的革命党，敢于在领导伟大社会革命的同时不断进行伟大自我革命，一次次靠自我革命解决了自身存在的问题，纠正了所犯错误，使党永远走在

 云热评

- ⊙ 马克思主义政党让科学社会主义理想照进现实，让共产主义运动成为不可阻挡的历史潮流。
- ⊙ 没有共产党就没有新中国，没有党的领导就没有国家的新面貌、人民的新生活。
- ⊙ 我们这么大个国家，只有中国共产党有这个威望和能力担当领导者，这就是"中国之治"的制度密码。
- ⊙ 家有千口，主事一人；国有万机，要在中央。
- ⊙ 唯有自我革新、自我超越，才能担当民族复兴大任，永葆蓬勃生机活力。

时代前列。正因为党具有鲜明的革命品格，才能破除思想观念的禁锢和利益固化的藩篱，以改革创新的精神推动社会革命，使"中国号"航船涉深水、过暗礁、闯险滩，顺利穿越壮丽而艰险的时代航道。

唯有凝心聚力的"主心骨"，中国特色社会主义大厦才能巍然屹立。中国共产党拥有9100多万名党员，领导着一个有14亿多人口的社会主义大国，要团结带领全党全国人民步调一致地阔步前行，顺利推进中国特色社会主义事业，没有一个坚强的领导核心是不行的。特别是随着社会主义市场经济和对外开放的深入发展，党内和社会上容易产生各种各样的思想和行为，使全党全国人民团结奋斗的共同基础容易受到侵蚀和消解。在我们这么一个大国，只有充分发挥党总揽全局、协调各方的作用，才能形成统一意志和行动，朝着社会主义现代化的奋斗目标稳步前进。

中国共产党干革命、搞建设、抓改革，都是为人民谋利益，让人民过上好日子。我们党从不讳言自己的利益追求，除了人民利益之外没有自己特殊的利益，这与西方政党代表特定利益集团有着根本区别。加强党的全面领导，是由党的性质和宗旨决定的，这不是争权夺利，更不是专制集权，而是为了更好地为人民执政、靠人民执政，实现好、维护好、发展好最广大人民的根本利益。只有在中国共产党的领导下，中国人民的幸福生活才能稳稳到来，中华民族伟大复兴的中国梦才能早日实现。

二 事在四方　要在中央

中国象棋是一项古老的益智游戏，最早雏形距今已有3000多年，一直受到人们的喜爱。象棋的魅力就在于，布局精妙、攻防有序，将帅稳坐中军帐，象相士仕列两旁，车马炮各展所长，卒兵英勇向前进。

治国如棋局，党中央就好比将帅，在全盘之中起着大脑和中枢的作用，对下好、下活全党全国这盘"大棋局"至关重要。坚定维护党中央权威和集中统一领导，是一个成熟的马克思主义政党必须始终坚持的重大原则，也是我们党深刻总结历史经验教训得出的科学结论。

马克思主义政党从诞生之日起，就面临着维护权威和集中统一领导的重大问题。第一国际时期，面对巴枯宁鼓吹的反权威和无政府主义，马克思、恩格斯进行了严厉批判。1871年3月18日，巴黎工人举行起义，推翻了资产阶级反动统治，建立了人类历史上第一个无产阶级政权。但巴黎公社仅仅存在了72天，就遭到反动势力的联合绞杀。为什么巴黎公社存在那么短的时间就失败了？原因有很多，其中很重要的一

巴黎公社宣告成立

条，就是没有形成统一的领导核心。当时巴黎公社委员会每逢开会时，都实行会议主席的临时推选制，规定每个委员都可以根据自己的职权发号施令，导致革命力量松散混乱、各行其是，最终使公社政权遭受覆灭。后来恩格斯明确指出："巴黎公社遭到灭亡，就是由于缺乏集中和权威。"

列宁在领导俄国革命过程中，也面临类似的考验。在俄国第一个马克思主义政党社会民主工党成立后，围绕党的中央领导机构问题，党内产生了严重的意见分歧。孟什维克分子主张多中心领导，由两个或两个以上的中央领导机构领导全党活动。对此，以列宁为代表的布尔什维克与孟什维克进行了彻底的斗争，提出了要坚决维护中央委员会的权威。"道不同，不

 **知识链接** ◂

布尔什维克与孟什维克

布尔什维克是俄文"多数派"的音译，孟什维克是俄文"少数派"的音译。1903年俄国社会民主工党第二次代表大会召开期间，以列宁为首的马克思主义者同马尔托夫等人在制定党章时发生尖锐分歧，在选举中央领导机关成员时，拥护列宁的人得多数票，称布尔什维克，马尔托夫等得少数票，称孟什维克。之后，布尔什维克和孟什维克走向分裂。两者的一个根本分歧是，前者主张坚持无产阶级专政，维护党中央的集中领导和权威，后者主张把一切愿意入党的人全部吸收进来，党员并不需要高度集中化、组织化。

十月革命胜利后列宁发表演说

苏联解体后民众排队领食物

相为谋。"这也就成为布尔什维克与孟什维克最终决裂的一个重要因素。经过长期努力，布尔什维克内部逐渐树立和强化了中央领导机构的权威，确保党中央的决定能够得到无条件执行。正是有了这个坚强的政治保证，后来的十月革命中，在列宁等领导人的统一指挥下，革命士兵和工人赤卫队像潮水般涌入冬宫，推翻了资产阶级临时政府，建立了苏维埃政权，世界上第一个社会主义国家由此诞生。历史总是那么充满戏剧性。70多年后，也正是因为苏共主动放弃党的领导、削弱了党中央权威，才导致这样一个大党大国一夜之间分崩离析。正所谓，"成也萧何，败也萧何"。

一部中国共产党历史，就是一部形成并维护党中央权威和集中统一领导的历史。在党成立早期，由于没有形成成熟的党中央，导致党的事业几经挫折，甚至到了"山穷水尽"的地步。在革命生死存亡的关键时刻，遵义会议确定了毛泽东同志在红军和党中央的领导地位，党开始形成坚强的领导核心。毛泽东同志曾作过一个生动的比喻："一个桃子剖开来有几个核心吗？只有一个核心。"正是在党中央的坚强领导下，中国革命才得以一步步走向

遵义会议是中国共产党历史上的伟大转折，在生死存亡关头挽救了党、挽救了红军、挽救了中国革命

胜利，中国社会主义建设和改革的伟大事业才得以不断向前推进。即使是发生"文化大革命"那样的十年内乱，有党中央的掌舵定向，党和国家事业也没有从根本上被动摇，社会主义中国的航船依然在曲折中奋力前行。

万山磅礴，必有主峰。党的十八大以来，面对严峻复杂的国内外形势，我们党之所以能战胜一系列风险挑战，推动党和国家事业取得历史性成就、发生历史性变革，推动我国国际影响力、感召力、塑造力全面显著提高，根本在于坚决维护习近平总书记党中央的核心、全党的核心地位，坚决维护党中央权威和集中统一领导。对此，每个新时代的亲历者和见证者都深有感触，由衷为有这样的大党领袖、大国领袖而感到无比骄傲。

权威声音

国家治理体系现代化必须在党的领导下推进

石泰峰（内蒙古自治区党委书记、自治区人大常委会主任）：国家治理体系和治理能力是一个国家制度及其执行能力的集中体现，国家治理体系是管理国家的制度体系，国家治理能力是运用国家制度管理社会各方面事务的能力。国家治理体系是由众多子系统构成的复杂系统，这个系统的核心是中国共产党，国家治理体系现代化必须在党的领导下推进。

三 贯穿全局 贯彻到底

利剑高悬，明辨忠佞。2020年5月中旬开始，十九届中央第五轮巡视15个巡视组，对35个中央和国家机关单位党组织开展常规巡视，进行全面"政治体检"。中央和国家机关离党中央最近，服务党中央最直接，是践行"两个维护"的第一方阵，在党和国家政治架构和组织体系中处于中枢位置，地位十分重要。此次巡视聚焦这些"中字头""国字号"，目的就是要督促中央单位坚定政治立场、坚决履行职责使命，确保党中央政令畅通、令行禁止。

在我国，党的全面领导不是抽象的而是具体的，涉及国家治理的各领域各方面各环节，体现在各级各类组织的活动之中。要把党的领导全面、系统、整体地贯彻好，最根本的就是要建立健全党领导一切工作的各项制度，形成总揽全局、协调各方的党的领导制度体系。有了制度的刚性约束，才能确保党的主张和人民的意志得到有效执行，确保党的理论和路线方针政策得到贯彻落实。

党的十九届四中全会总结以往成功经验和有效做法，立足坚持和完善党的领导制度体系，明确了 6 个方面的制度安排：建立不忘初心、牢记使命的制度，完善坚定维护党中央权威和集中统一领导的各项制度，健全党的全面领导制度，健全为人民执政、靠人民执政各项制度，健全提高党的执政能力和领导水平制度，完善全面从严治党制度。只有全面贯彻落实好这些制度要求，党的领导这个本质特征才能体现好、这个最大优势

各地各单位以多种形式开展"不忘初心、牢记使命"主题教育

特别关注

四川简阳建强"两新组织"党建工作指导员队伍

为进一步加强新经济组织、新社会组织党的领导，不断扩大党的组织覆盖和工作覆盖，近年来，四川省简阳市采取多种举措建强党建工作指导员队伍，为提升"两新组织"党建工作提供有力人才支撑。图为该市新经济新社会组织党建工作指导员下派动员会。

才能发挥好。

在着眼夯实党的根基立场上，全会提出建立不忘初心、牢记使命的制度，以及健全为人民执政、靠人民执政各项制度。为中国人民谋幸福，为中华民族谋复兴，是党的初心，也是党的恒心。初心和使命映照着崇高的理想信念，是中国共产党人矢志不渝的精神追求，必须通过制度要求将其深深扎根于广大党员干部心中，筑牢思想之基。2019 年 6—11 月，分两批在全党开展"不忘初心、牢记使命"主题教育，取得了明显成效，使全党同志的思想境界普遍得到提升。为了巩固主题教育成果，《决定》专门作出具体的制度安排，推动教育常态化长效化。人民是我们党执政的最大底气。为人民服务，是里子，而不是样子，为民解难就是为党分忧。《决定》通过完善制度保证人民的主体地位，充分调动人民在国家治理中的积极性主动性创造性，依靠人民创造历史伟业。

在着眼维护党的权威统一上，全会提出完善坚定维护党中央权威和集中统一领导的各项制度，以及健全党的全面领导制度。近年来，我们党陆续制定或修订了《中共中央政治局关于加强和维护党中央集中统一领导的若干规定》《中国共产党重大事项请示报告条例》等党内法规，从制度上保证了党的领导全覆盖，保证了党中央集中统一领导更加坚强有力。这次全会

 知识链接

民主集中制

民主集中制这一概念最早由列宁明确提出，后来在社会主义实践中得到丰富和发展。它是我们党的根本组织原则和领导制度，其基本含义是民主基础上的集中和集中指导下的民主相结合。《中国共产党章程》对民主集中制提出6条基本原则：党员个人服从党的组织，少数服从多数，下级组织服从上级组织，全党各个组织和全体党员服从党的全国代表大会和中央委员会；党的各级领导机关，除它们派出的代表机关和在非党组织中的党组外，都由选举产生；党的最高领导机关，是党的全国代表大会和它所产生的中央委员会；党的上级组织要经常听取下级组织和党员群众的意见，及时解决他们提出的问题；党的各级委员会实行集体领导和个人分工负责相结合的制度；党禁止任何形式的个人崇拜。

再次强调，推动全党增强"四个意识"、坚定"四个自信"、做到"两个维护"，自觉在思想上政治上行动上同以习近平同志为核心的党中央保持高度一致，坚决把维护习近平总书记党中央的核心、全党的核心地位落到实处。同时，全会对健全党中央对重大工作的领导体制、健全维护党的集中统一的组织制度等方面作出部署，为强化党中央权威和集中统一领导提供了有力制度保证。

在着眼保持党的先进纯洁上，全会提出健全提高党的执政能力和领导水平制度，以及完善全面从严治党制度。我们党领导这么大一个国家，既要本领高强，也要自身过硬。《决定》从全党、各级党组织、各级领导干部3个层面提出了能力要求，又对加强党要管党、全面从严治党作出了制度安排。特别是对坚持民主集中制这一根本组织原则作出了专门强调，坚持党的领导不是不要民主，而是要把民主和集中紧密结合起来，完善发展党内民主和实行正确集中的相关制度，提高党把方向、谋大局、定政策、促改革的能力。

"莽莽神州，已倒之狂澜待挽；茫茫华夏，中流之砥柱伊谁？"即将走过一个世纪的中国共产党，领导着一个古老民族从历史深处走来，历经从羸弱到富强的苦难辉煌，正阔步走在民族复兴的大路上，必将以舍我其谁的责任担当完成历史和时代赋予的神圣使命。

深度阅读

1.《习近平在中央政治局第二十一次集体学习时强调 贯彻落实好新时代党的组织路线 不断把党建设得更加坚强有力》,《人民日报》2020年7月1日。

2.习近平:《在"不忘初心、牢记使命"主题教育总结大会上的讲话》,《求是》2020年第13期。

扫一扫

神州人人皆舜尧

——人民当家作主怎样通过制度来实现？

孟夏草木长，神州焕生机。2020年5月21—28日，备受瞩目、万众期待的全国两会在北京举行。受新冠肺炎疫情影响，这次两会打破了23年来的惯例，推迟两个多月召开，注定具有非同寻常的意义。8天里，虽然会期压缩、日程紧凑，但代表委员们坚持高标准履职尽责，认真审议讨论政府工作报告和"两高"工作报告，围绕统筹推进常态化疫情防控和经济社会发展、编制"十四五"规划、决战脱贫攻坚目标任务等方面积极建言献策，充分体现了人民代表大会制度、中国共产党领导的多党合作和政治协商制度在国家治理体系中的重要作用。全国两会是我国政治生活中的一件大事，也是世界观察中国的窗口。全国两会的召开，向国际社会传递了中国有效控制疫情的重大信号，也反映了党和国家无论在什么情况下都要保障人民当家作主权利的坚强政治意志。

　　"名非天造，必从其实。"新中国的成立，使中国人民站起来了，从政治上成为国家和社会的主人。如何真正实现人民当家作主？我们党把马克思主义政治学说同中国具体实际相结合，创造和形成了一整套多层次、全方位的制度安排，最真实、最广泛、最有效地实现人民当家作主的政治目标和崇高追求。

 特别关注

特殊的两会　非凡的意义

　　在全球抗疫形势依然严峻、中国疫情防控取得重大战略成果的背景下，2020 年 5 月 21—28 日，全国两会在北京召开。

一 以人民民主为生命

民主是人类不懈追求的政治理想，其本意是要求实行多数人的统治。在人类政治文明史上，资产阶级民主代替封建专制是一个巨大进步，但这种民主建立在不平等的经济关系基础之上，本质上代表的是资本拥有者的利益，因此它是资产阶级少数人的专利。马克思、恩格斯曾深刻批判资本主义民主的虚伪性和局限性，认为未来社会的政治制度必须建立在人民主体之上，是人民自己的作品。

与西方资本主义民主有着根本不同，人民民主是社会主义的生命，是中国共产党始终高举的光辉旗帜。它真正体现了人民当家作主，使占全国人口绝大多数的人民真正成为国家的主人，享有国家制度所保障的充分民主权利，因而社会主义民主

 知识链接 ◀

启蒙思想家卢梭的代表作《社会契约论》

《社会契约论》的主要观点是，人类想要生存，个体的力量是微薄的，个人的权利、快乐和财产只有在有政府的社会，才能得到更好的保护，可行的办法就是集合起来，形成一个联合体，即国家。国家的主权在人民，政府只是人民的受托方、法律的执行者，人民与政府是委托与被委托的契约关系。这一思想对于反对封建专制具有一定的进步意义，但它没有看到民主必须建立在生产关系和阶级关系上这一事实，只是一种唯心主义的臆想。

特别关注 ◀

唯一连任 13 届全国人大代表的申纪兰

申纪兰，从第一届到第十三届全国人民代表大会连续 53 次参加会议，是唯一连任 13 届的全国人大代表，2019 年荣获"共和国勋章"。她就是一位普普通通的妇女，一直生活在农村，一辈子干农活，从来没有改变农民这个身份，这使她在参政议政的过程中能够充分代表所在群体的利益，反映他们的所思所想所盼。这与西方职业化议员是有区别的。申纪兰这位人民代表大会制度的亲历者、见证者，生动体现了人民当家作主的发展进步，彰显了社会主义民主政治的优越性。

是维护人民根本利益的最广泛、最真实、最管用的民主，代表着人类政治文明的发展方向。

那么，人民民主的基本内涵是什么？党和国家实行人民民主，就是保证国体、政体以及其他一切治国理政活动，都必须充分体现人民当家作主的要求。中华人民共和国是工人阶级领导的、以工农联盟为基础的人民民主专政的社会主义国家，国家的一切权力属于人民；人民行使国家权力的机关是全国人民代表大会和地方各级人民代表大会，国家制定实

听证会

电视问政

政务公开日

施的法律法规和方针政策都能充分体现人民意志；国家各方面治理活动和工作都坚持以人民为中心，保证人民至上的价值理念落实到国家政治生活和社会生活的全过程。我国作为社会主义国家，所有的政治制度安排，都是为了让人民享有最广泛最充分的民主权利。

人民民主如何通过制度来体现？在资产阶级思想家看来，人们根据社会契约让渡一些权利，由代表资产阶级利益的政府来统一行使。而我国的人民民主与之有着根本区别，人民是国家和社会的主人，是权力的拥有者和行使者。所有政治制度的构建和运行都是围绕人民来进行的。无论是人民代表大会制度还是中国共产党领导的多党合作和政治协商制度，无论是民族区域自治制度还是基层群众自治制度，都是确保人民管理国家事务、经济文化事业和社会事务的制度安排，始终贯穿着以人民为中心的主线。

　　人民群众怎么参与政治生活？我国宪法明确规定，中华人民共和国年满 18 周岁的公民，不分民族、种族、性别、职业、家庭出身、宗教信仰、教育程度、财产状况、居住期限，都有选举权和被选举权；但是依照法律被剥夺政治权利的人除外。同时，人民群众还可以通过听证会、电视网络问政、政务公开、领导热线、监督举报和意见征集等方式，表达自己的意见建议。比如 2019 年 10 月 31 日至 11 月 29 日，《中华人民共和国未成年人保护法（修订草案）》和《中华人民共和国预防未成年人犯罪法（修订草案）》公开向社会征求意见，最后共有约 4.7 万人提出超过 5.7 万条意见，未成年人的意见占近一半。其中很多意见得到吸收和采纳，使这两部关系未成年人健康成长的法律更加完善。

　　没有民主就没有社会主义，就没有社会主义现代化，就没有中华民族伟大复兴。社会主义愈发展，民主也愈发展。在前

社区居民投票选举

村民选举计票

权威声音 ◀

协商民主在我国有根、有源、有生命力

舒启明（政协第十三届全国委员会原副秘书长）：社会主义协商民主，源自中华民族长期形成的天下为公、兼容并蓄、求同存异等优秀政治文化，源自近代以后中国政治发展的现实进程，源自中国共产党领导人民进行革命、建设和改革的长期实践，源自新中国成立后各党派、各团体、各民族、各阶层、各界人士在政治制度上共同实现的伟大创造，源自改革开放以来中国在政治体制上的不断创新，具有深厚的文化基础、理论基础、实践基础、制度基础。由此可见，协商民主植根于我国社会土壤，在我国有根、有源、有生命力。

进道路上，必须坚定不移走中国特色社会主义政治发展道路，坚定不移坚持和完善人民当家作主制度体系，发展更加广泛、更加充分、更加健全的人民民主。

二 全过程民主优势多

1989 年 11 月，当 150 多公里的柏林墙开放时，西方世界为之欢呼，称其为西式民主自由的胜利。西方甚至还有人鼓吹，社会主义的命运行将终结，西方民主制度已经站上了历史巅峰，成为人类政治制度的最终模式。

30 多年过去了，今天当人们在纪念这一历史事件时，却

直播现场

美国"弗洛伊德事件"抗议示威活动持续升级蔓延

美国当地时间 2020 年 5 月 25 日，明尼苏达州白人警察暴力执法导致非洲裔男子乔治·弗洛伊德死亡。此事件引发了大规模的抗议示威活动，波及全美 200 多个城市，多地升级为暴力骚乱和打砸抢烧。英国、加拿大、德国、法国、意大利等多个西方国家受此影响，也纷纷爆发抗议活动。左图为美国民众在白宫前示威，右图为抗议人群焚烧当地警察局前的旗子。

看到了与西方人的预想大相径庭的情形：西式民主并没有高歌猛进，不仅没有成为解救世界的灵丹妙药，反而成为搞乱世界的祸害之源。相比之下，以中国为代表的社会主义民主政治，因其高效、广泛、真实等鲜明特点，成为 21 世纪人类政治文明星空中最耀眼的星簇。

党的十九届四中全会刚刚闭幕，习近平总书记在上海市长宁区虹桥街道古北市民中心考察时，同正在参加法律草案意见建议征询会的居民代表亲切交谈。他特别强调："人民民主是一种全过程的民主，所有的重大立法决策都是依照程序、经过民主酝酿，通过科学决策、民主决策产生的。"这个重要论断，道出了我国人民当家作主的本质特征，彰显了社会主义民主的显著优势。

民主选举全过程。全国人民代表大会的代表，都是经过逐级投票、自下而上选出的人民意志代言人。以第十三届全国人大代表为例，在县乡直接选举、省市间接选举的基础上，2017年12月至2018年1月，在35个选举单位选出2980名全国人大代表。我国现有五级人大代表262万多名，其中乡镇级188万多名、县级59万多名，占代表总数的94%。他们都是被一人一票选举出来的，民主性、广泛性毋庸讳言。

民主协商全过程。人民民主的真谛就是有事好商量，把民主协商贯穿政治协商、民主监督和参政议政的全过程，在全社会形成最大公约数。围绕经济社会发展各个方面的重大问题，通过政党协商、人大协商、政府协商、政协协商、人民团体协商、基层协商、社会组织协商等，广开言路、集思广益，把各方面的智慧和意愿凝聚起来，形成推动社会发展的强大合力。

民主决策全过程。在我国，任何一项关乎全局的重大决策，都是经过充分的民主程序，最大限度地征询各方面的意见建议作出的。党的十九届四中全会《决定》的产生，就是一个很好的例证。在起草文件之前，中共中央就向各地各部门征集

| 职工代表大会 | 社区居民代表会议 | 村民议事会 |

了 109 份意见建议；起草过程中，多次书面或召开会议征求意见，收到 118 份反馈意见和 10 份发言材料，共提出修改意见 1948 条，其中很多意见对《决定》的修改完善起到重要作用；全会召开期间和闭幕后，起草组对代表们在会上提出的意见进行了研究和吸收，力求使《决定》最大限度体现全党意志。

民主管理全过程。我国法律规定，各类基层组织都要通过一定形式组织成员参与民主管理。在党政机关、企事业单位和其他社会组织，工会都会定期组织召开职工代表大会，对事关职工利益的重要事项进行研究讨论；在社区和农村，也通过召开居民代表大会和村民代表大会，决定和管理辖区范围内的公共事务和公益事业。可以说，在中国无论你从事什么职业、无论你住在哪里，都有参与国家和社会管理的机会和渠道，"人人都是主人翁"绝对不是一句空话。

民主监督全过程。民主监督，指人民根据宪法赋予的权力，对各级国家机关和公职人员进行监督，以纠正各种违法行为，分为执政党的党内监督、其他党派的党际监督、人民代表

- "民主"与"民心"相通，"民主"与"民情"呼应，社会主义民主就是真正的人民当家作主。
- 中国式民主既"有序"又"有效"，是行得通、高效率、真管用的民主形式。
- 世界上没有放之四海而皆准的民主模式，关键是要合国情、顺民意、接地气。
- 协商民主最大限度地体现了民主的精神，创造了人类民主进步的新模式。
- 西式民主自诩民主导师，不仅没有教好学生，误人子弟，而且自顾不暇，乱象丛生。

的监督、人民舆论的监督和人民个体的监督等。经过长期的发展，我国已经形成了完善的党和国家监督体系，构建起一张严密的监督"天网"，确保监督全覆盖无缝隙全流程，让权力在阳光下运行。

在我国社会主义民主实践中，民主选举、民主协商、民主决策、民主管理、民主监督的全过程，保证了过程民主和结果民主、形式民主和实质民主、直接民主和间接民主相统一，避免了西方国家"人民只有在投票时被唤醒、投票后进入休眠期""国家权力被少数精英所把持""政党轮替利益分赃"的虚伪民主。

三 健全民主政治制度

1949年9月下旬，伴随着人民解放军势如破竹的胜利进

中国人民政治协商会议第一届全体会议

第一届全国人民代表大会第一次会议

程，中国人民政治协商会议第一届全体会议隆重召开，商讨新中国成立大业，标志着我国政治制度翻开了崭新篇章。自此以后经过 70 多年的探索，在民主实践不断深化的同时，形成了一套系统完备、行之有效的中国特色社会主义民主政治制度体系。

党的十九届四中全会深刻总结我国民主政治建设的经验和成效，就进一步完善人民代表大会制度、政党制度、统一战线、民族区域自治制度和基层群众自治制度，提出了许多硬招实招，为人民当家作主提供了坚实的制度保障。

在根本制度上，提出要坚持和完善人民代表大会制度。人民代表大会制度是中国特色社会主义制度的重要组成部分，是坚持党的领导、人民当家作主、依法治国有机统一的根本政治制度安排，是符合中国国情和实际、体现社会主义国家性质、保证人民当家作主、保障实现中华民族伟大复兴的好制度。行政机关、监察机关、审判机关、检察机关都由人大产生，对人

人大对"一府一委两院"的监督

"一府"是指人民政府，"一委"是指监察委员会，"两院"是指人民法院、人民检察院。在中国，国家行政机关、监察机关、审判机关、检察机关都由作为国家权力机关的人民代表大会产生，对它负责，受它监督，国家机构按照民主集中制原则活动。由此决定了人大与"一府一委两院"是决定与执行、监督与被监督、协调一致开展工作的关系。

大负责，受人大监督。正如毛泽东同志所说："我们的主席、总理，都是由全国人民代表大会产生出来的，一定要服从全国人民代表大会，不能跳出如来佛的手掌。"这次全会在健全人大对"一府一委两院"监督制度、完善代表联络机制、适当增加基层人大代表数量、加强地方人大及其常委会建设等方面提出了明确要求，使人大更好地为人民握紧"权杖"。

在基本制度上，提出要坚持和完善中国共产党领导的多党合作和政治协商制度、民族区域自治制度、基层群众自治制度。在国家政治生活中，这3个方面的制度，对于协调政党关系、解决民族问题、推进基层直接民主起到了基础性作用。实践证明，它们是符合我国国情、具有独特优势和强大效能的制度创造。这次全会在完善民主党派中央直接向中共中央提出建议制度、支持和帮助民族地区加快发展、拓宽人民群众反映意见和建议的渠道等方面提出了很多新举措，进一步夯实了民主政治基础。

在重要制度上，提出要巩固和发展最广泛的爱国统一战线。统一战线是党的事业取得胜利的重要法宝。新时代的统一战线工作就是要高举爱国主义、社会主义旗帜，牢牢把握大团结大联合的主题，找到最大公约数，画出最大同心圆。通俗地说，统一战线就是把我们的人搞得多多的，把敌人搞得少少的。正因为有了这个制胜法宝，我们才推翻了北洋军阀的腐朽统治、赶走了日本侵略者、打败了国民党反动派，才团结全国各族人民和衷共济、同心协力，取得了革命、建设和改革的不断胜利。这次全会围绕构建大统战工作格局，作出了一系列战略部署，着力促进政党关系、民族关系、宗教关系、阶层关系、海内外同胞关系的和谐融洽，共同致力于民族复兴的伟大事业。

"虎踞龙盘今胜昔，天翻地覆慨而慷。" 1949 年 5 月，当一个崭新的社会即将喷薄而出时，著名历史学家陈垣发出这样的感慨，"来了新的一切，一切都是属于人民的"，"现在才看到了真正人民的社会，在历史上从不曾有过的新的社会"。承载着让亿万中国人民当家作主的历史使命，中国的民主政治制度走过了光辉的历程，也必将在新的历史起点上绽放更加绚烂的民主之花。

深度阅读

1.习近平:《在中央政协工作会议暨庆祝中国人民政治协商会议成立70周年大会上的讲话》,《人民日报》2019年9月21日。

2.习近平:《在庆祝全国人民代表大会成立六十周年大会上的讲话》,《求是》2019年第18期。

扫一扫

治国安邦倚重器

——中国特色社会主义法治体系如何保证公平正义？

2020 年 5 月 28 日，万众期待的《中华人民共和国民法典》表决通过，将自 2021 年 1 月 1 日起正式实施。这部新中国成立以来首部以"法典"命名的法律，编撰过程历经几代人，包括总则编、物权编、合同编、人格权编、婚姻家庭编、继承编和侵权责任编 7 编正文，以及附则，共 1260 条，涉及每个人从孕育到死亡的所有方面权益，被称为"社会生活百科全书"。可以说，民法典的诞生，就像把一颗颗散落的珍珠串成一条美丽的项链，是新时代我国社会主义法治建设的重大成果，在法治中国征程上具有里程碑的意义。

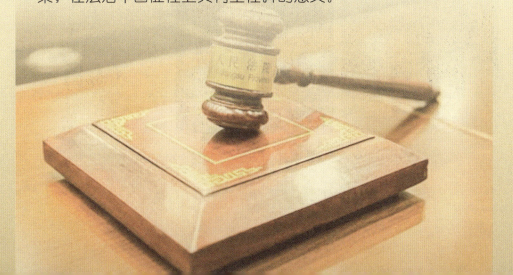

"法者，治之端也。"法治是人类制度文明的发展方向，是现代国家治理的基本方式。70多年来，从颁布婚姻法到形成2万多部法律法规，从强调严格执法到建设法治政府，从设置最高人民法院和最高人民检察署到建立公正高效权威的司法制度，从新中国成立初期的普法运动到建设法治社会……中国特色社会主义法治体系恢宏图景不断绘就，法治中国建设伴随着时代号角阔步前行。

一 法治建设显成效

法官，在人们印象中大都是在法庭上正襟危坐，手握法槌定分止争。然而，有那么一群法官需要时常走出法院大楼，背着国徽去开庭。在高山峡谷、雪原草地、田间地头、海岛渔村，都能看到他们主持正义的身影。这些基层法官身后的国徽，彰显的是法治的尊严和公平，映照的是中国法治建设的点

背着国徽去开庭

权威声音 ◄

法治是国家治理体系和治理能力的重要依托

袁曙宏（司法部党组书记、副部长）：实践充分证明，只有把党和国家工作纳入法治化轨道，使各方面制度更加科学、更加成熟、更加定型、更加完善，实现党、国家、社会各项事务治理制度化、规范化、程序化，善于运用制度和法律治理国家，才能最终实现国家治理体系和治理能力的现代化。

滴进步和成效。

新中国成立初期，我们首先废除国民党旧法统，从零开始建设社会主义新法制。我们有过法制建设的筑基搭台，也有过法治不彰的沉痛教训，有过法治建设的快速发展，也有过司法改革的艰难破冰……中国特色社会主义法治体系在探索中日臻完善，全面依法治国在实践中铿锵前行。

法律体系已成形。立法是中国特色社会主义法治体系建设的"第一道工序"，是全面依法治国的前提。经过长期努力，我国已经形成以宪法为统帅，以法律为主干，以行政法规、地方性法规为重要组成部分的中国特色社会主义法律体系。目前，我国已有法律270多部、行政法规700多部、地方性法规1.2万多部，各个方面、各个领域基本实现有法可依。

法治政府稳推进。行政机关是执法的重要主体。在我国，大约80%的法律、90%的地方性法规和几乎所有行政法规的执法工作，都是由行政机关来实施。政府执法的效果，关系到法治能否落到实处。现在,《法治政府建设实施纲要(2015—2020年)》设定的目标和任务基本完成,各级政府公正严明、廉洁高效的良好形象已经树立起来。

司法改革彰正义。司法是人民法院、人民检察院依法处理案件的专门活动,是法律实施的核心环节。70多年来,司法体制与新中国一同进步、日益完善。特别是党的十八大以来,司法体制改革进入快车道,司法机关依法独立公正行使职权得到有效保障,以审判为中心的刑事诉讼制度改革成效明显,一批冤假错案沉冤昭雪,阳光司法让公正以看得见的方式实现。中国裁判文书网公开的数据显示,截至2020年6月底,网站公开的文书总量超过9500万篇,访问总量超过450亿人次。

法治观念入人心。《秋菊打官司》《被告山杠爷》《阳光下的法庭》……这些颇具知名度的法治题材影视作品,是全社会法治意识不断增强的时代注脚。法律的权威源自人民的真诚信仰。1986年以来,我国开展全面普及法律知识教育,已连续实施了7个五年普法规划,以宪法为核心的法律知识得到广泛普及，各项事业的法治化管理水平逐步提高，全社会尊法学法守法用法的意识明显增强。

新中国的法治大厦，是在法制废墟和人治积习的基础上建立起来的，历程充满艰辛，成就影响深远。70多年来，在中国共产党的领导下，我们国家实现了从"人治"到"法制"再到"法治"的历史性飞跃，完成了几千年来中华民族国家治理方式的根本性转变。

二 法治道路坚定走

在人类政治文明发展史上，法律在定国安邦中起着不可替代的作用。由于历史、文化、地域、习俗以及意识形态等方面的差异，世界上形成了不同的法系。其中，影响较大的有中华法系、欧洲大陆法系、英美法系、伊斯兰法系、印度法系等。当苏联、中国等一批社会主义国家成立后，形成了社会主义法系与资本主义法系两大阵营。

法治作为上层建筑的重要组成部分，具有突出的意识形态属性。与资本主义法治强调私有财产神圣不可侵犯、分权制衡等理念形成鲜明对照的是，社会主义法治建立在公有制为主体的经济基础之上，始终代表最广大人民的根本利益，是实现无产阶级专政、巩固和发展社会主义制度的重要保障。由于指导思想、经济基础、组织原则、服务对象等方面的差别，社会主

知识链接

中华法系

　　中华法系，指的是我国古代从战国至清代经过2000多年发展，形成的沿革清晰、特点鲜明的封建法律。它具有以下特征：以儒家思想为理论基础；维护封建伦理，确认家族法规；皇帝始终是立法与司法的枢纽；官僚、贵族享有法定特权；诸法合体，行政机关兼理司法。中华法系不仅对我国古代政治产生深刻影响，而且广泛传播到周边国家，在相当长的时间里居于世界法制文明的前列，与欧洲大陆法系、英美法系、伊斯兰法系、印度法系并称为世界五大法系。

义法治与资本主义法治本质上是两种不同的法治模式。

　　一个国家走什么样的法治道路，还必须与本国的历史文化传统和国情相适应。独特的法治传统、独特的具体国情、独特的现实问题，决定了我国的法治建设必定要走自己的路。中国特色社会主义法治道路，是中国共产党带领全国人民，坚持以马克思主义为指导，立足国情，内外兼收，在实践中探索开辟的崭新法治道路。

　　植根实践，艰辛探索。"为国也，观俗立法则治，察国事本则宜。"正确的法治道路书上抄不来，别人送不来，凭空想不来，只能靠自己走出来。在中国特色社会主义法治道路上，很多法治原则和成果，都来源于实践的创造，是符合中国国情、解决中国问题的重大制度设计。比如，坚持党的全面领导，就是中国特色社会主义法治道路的鲜明特色。在我国，法是党的主张和人民意志相统一的体现，党领导人民制定宪法和法律，又领导人民遵守、执行宪法和法律，党自己也必须在宪法和法律范围内活动，这就是党的领导力量的体现。又比如，近年来我国出台电子商务法、修订野生动物保护法等，就是为了适应经济社会发展的需要。可以说，这条道路是70多年来法治建设实践和经验的集中反映，是党和国家各方面事业发展在法律领域的具体体现。

我国法治道路从无到有，是从一片荒芜中走出来的，没有现成的经验，借鉴其他国家有益的法治成果十分必要。新中国成立初期，我国司法机关的设置，以及宪法、婚姻法、土地法、刑法等主要法律的制定，都是借鉴苏联的做法，从而在较短的时间内搭建起了法制框架。改革开放后，随着经济社会活动大大拓展，我们也学习借鉴西方国家经济和其他领域的法治

在线答疑

问："法制"与"法治"如何区分？

答： 这是两个既有联系又有区别的概念。法制是法律制度的简称，属于制度的范畴；法治是法律治理的简称，相对于"人治"而言，是一种治国原则和方法。两者的联系在于，法制是法治的基础和前提条件，要实行法治，必须具有完备的法制；法治是法制的立足点和归宿，法制的发展前途必然是最终实现法治。

 **知识链接**

法治格言

⊙ 法令者，民之命也，为治之本也。 ——商　鞅

⊙ 法令者，治之具，而非制治清浊之源也。 ——司马迁

⊙ 法立于上则俗成于下。 ——苏　辙

⊙ 法律的基本意图是让公民尽可能地幸福。 ——柏拉图

⊙ 在一切能够接受法律支配的人类的状态中，哪里没有法律，哪里就没有自由。 ——洛　克

⊙ 法律，在它支配着地球上所有人民的场合，就是人类的理性。

——孟德斯鸠

经验，丰富和发展了我国法治建设的理论和实践，为推进社会主义市场经济提供法治保障。正是撷他国法治之精粹，才使我国法治建设获得源源不断的智慧和启迪。

树高千尺，根深沃土。在我国几千年的历史中，虽然人治的根子非常深厚，但先人们早就开始探索如何驾驭人类自身这个重大课题。韩非子的一句名言流传至今："国无常强，无常弱。奉法者强则国强，奉法者弱则国弱。"春秋战国时期，中国就有了自成体系的成文法典；秦朝统一中国后，制定的法律规范已涉及立法、行政、民事等诸多方面，可谓"秦皆有法式"；汉唐时期，我国已经形成了比较完备的法典，尤其是《唐律疏议》产生了重要影响，成为周边国家效仿的典范。我国古代法制蕴含的宝贵资源，成为中国特色社会主义法治体系

的丰厚滋养。

法安天下，德润人心。坚持依法治国和以德治国相结合，是中国特色社会主义法治道路的鲜明特点。法律是成文的道德，道德是内心的法律。法律和道德都具有规范社会行为、调节社会关系、维护社会秩序的作用，在国家治理中都有其地位和功能。在我国社会主义法治实践中，我们一手抓法治、一手抓德治，充分发挥法治对道德的保障作用，运用法治手段解决道德领域突出问题，同时强化道德对法治的支撑作用，把道德要求贯彻到法治建设中，形成法律和道德相辅相成、法治和德治相得益彰的良好局面。

道路千万条，管用第一条。纵观古今中外，世界上没有放之四海而皆准的法治道路，在法治问题上不存在最优模式，也不存在标准版本，只有适合自己的选择。中国特色社会主义法治道路是不忘本来、吸收外来、面向未来的必然选择，是中国唯一正确的法治道路，必须坚定不移地走下去。

三　法治中国进行时

党的十八大以来，制定和修改法律法规 500 多部，推出司法体制改革举措 100 多项……进入新时代，法治建设按下快进键，法治中国成为响彻神州大地的嘹亮号角。

朗朗乾坤存正气，法治中国再出发。党的十九届四中全

会站在党和国家长治久安的高度，对"坚持和完善中国特色社会主义法治体系，提高党依法治国、依法执政能力"作出顶层设计，从制度上对全面推进依法治国提出了明确要求。建设法治中国，就是要坚持依法治国、依法执政、依法行政共同推进，坚持法治国家、法治政府、法治社会一体建设，加快形成完备的"五大体系"，不断提升法治建设的科学化规范化制度化水平。

宪法为本。我国现行宪法是 1982 年 12 月颁布实施的，即"八二宪法"。宪法是国家的根本大法，具有最高的法律地位、法律权威、法律效力。所有的法律都是依据宪法制定的，不得同宪法相抵触；任何组织和个人都必须遵守宪法，不得超越或违反宪法。在健全保证宪法全面实施的体制机制上，这次全会强调要加强宪法实施和监督，维护国家法制统一、尊严、权威，使一切违宪违法的规范性文件都依法得到撤销和纠正，对一切违反宪法法律的行为都必须予以追究。

立法为先。良法是善治之前提，立法是法治的"最先一公里"。现在，我国法律体系已基本形成，总体上解决了有法可依的问题。下一步着重抓住提高立法质量和效率这个关键，完善立法体制机制，深入推进科学立法、民主立法、依法立法，完善立法工作格局，立改废释并举，努力使我们的法律立得住、行得通。同时，随着社会实践的深入拓展，不断加强重要领域立法，尤其是加快我国法域外适用的法律体系建设，使立法适应国家各方面发展的需求。

实施为公。汉代《说文解字》这样解释"法"："平之如水，从水。"意思是不偏不倚谓之法。公正是法治的生命线，是人民群众感知法治建设的一把尺子。习近平总书记指出："公正司法是维护社会公平正义的最后一道防线。"必须把公

 特别关注

浙江舟山防疫普法进企业

2020 年 3 月，浙江省舟山市政法部门深入复工复产一线，宣讲最高人民法院、最高人民检察院、公安部、司法部、海关总署联合印发的《关于进一步加强国境卫生检疫工

作 依法惩治妨害国境卫生检疫违法犯罪的意见》，指导企业落实好主体责任，全力做好疫情防控相关工作，确保防疫、复工复产两不误。图为该市民警向造船厂工人宣传防疫法律知识。

平正义这一价值追求贯穿法治建设的全过程和各方面，努力让人民群众在每一项法律制度、每一个执法规定、每一宗司法案件中都感受到公平正义。坚持严格执法，有法必依、执法必严、违法必究，规范执法自由裁量权，防止出现"选择性执法""倾向性执法"。深化司法体制综合配套改革，完善审判制度、检察制度，全面落实司法责任制，完善律师制度，确保司法公正高效权威，让公平正义的阳光照耀人民心田。

监督为要。法律面前人人平等。马克思曾说："法官除了法律就没有别的上司。"行政机关、监察机关、审判机关、检察机关作为法律的实施部门，不受任何其他因素的干扰，才能依法独立进行公正裁决。近年来，各地普遍建立的防止干预

 特别关注 ◀

山西长治开展形式多样的宪法日宣传周活动

在第六个国家宪法日，山西省长治市以"弘扬宪法精神，推进国家治理体系和治理能力现代化"为主题，通过设立法律咨询台、制作法治展板、分发法律宣传资料等方式，向广大群众深入普及宪法知识，营造崇尚宪法、维护宪法的良好社会氛围。图为工作人员向群众发放宣传资料。

公正司法的一系列制度规定，为领导干部和司法机关内部人员违法干预和影响司法活动划出了"红线"，使"托关系""打招呼"等插手具体案件的现象得到有效遏制。全社会也必须增强法治观念，特别是各级党和国家机关以及领导干部应带头尊法学法守法用法，杜绝"让别人守法，自己走后门，搞不正之风"的特权思想，自觉接受监督。

公元前 1776 年，人类第一部成文法《汉谟拉比法典》铭刻在石柱上这样的文字："要让正义之光照耀大地，消灭一切罪与恶，使强者不能压迫弱者。"3000 多年过去了，这部法律的条文已在历史的演进中失去效力，但其中透射出的一些法治精神至今仍受人敬仰。中国特色社会主义法治体系，承载着亿万人民对公平正义的美好追求，在法治强国之路上不断谱写新篇章。

云热评

- 法治是一个大系统，必须立法、执法、司法、守法齐发力，才能支撑起法治中国大厦。
- 国家富强依靠法治护航，经济发展有赖法治赋能，百姓福祉倚仗法治守卫。
- 看一个国家的法治道路走得对不对，主要看是不是能解决自己的问题。
- 法治如同一杆公平秤，称出了是非曲直；法治好似一面正义镜，照出了朗朗乾坤。
- 公平正义或许会迟到，但永远不会缺席，法治中国公正必达。

深度阅读 ◄

1.《习近平主持召开中央全面依法治国委员会第三次会议强调 全面提高依法防控依法治理能力 为疫情防控提供有力法治保障》,《人民日报》2020年2月6日。

2.习近平:《充分认识颁布实施民法典重大意义 依法更好保障人民合法权益》,《求是》2020年第12期。

扫一扫

微视频

6

高效协同更便民

——中国特色社会主义行政体制如何优化?

　　1949 年 10 月，新中国中央人民政府政务院成立时，设有 35 个机构。为适应社会主义建设的需要，此后进行了 6 次政府机构改革，到 1981 年国务院组成部门增加到 52 个、其他工作部门 48 个，达到新中国成立以来的最高峰。改革开放 40 多年来，随着社会主义市场经济和对外开放的深入发展，我国又先后进行了 8 次政府机构改革，到 2018 年国务院组成部门调整到 26 个、其他工作部门 14 个。可以说，行政体制改革的步伐与事业的发展进步同频共振，政府的职责使命与国家的繁荣富强息息相关。

在当代中国，政府作为国家治理的枢纽，是国家权力机关的执行机关，承担着推动经济社会发展、管理社会事务、服务人民群众的重要职责。构建中国特色社会主义行政体制，是推进国家治理体系和治理能力现代化的重要组成部分。党的十九届四中全会《决定》立足更好执行党和国家决策部署，对坚持和完善中国特色社会主义行政体制提出明确要求，为建设人民满意的服务型政府提供了坚实的制度保障。

一　探索中国式行政

古往今来，政府在国家政治活动中扮演着极为重要的角色。在我国古代，历朝历代的政府和官僚体系，都是为实现皇权的统治而服务的。无论是秦汉"三公九卿"还是隋唐"三省六部"，无论是宋元"二府三司""一省两院"还是明清内阁制，都是为维护封建制度和秩序而设置的集权工具。正如司马迁《史记》所言："天下之事无小大，皆决于上。"

近代以后西方国家的政府，作为政党政治的一种主要组织形式，无论其掌控权在不同政党之间怎样倒手，代表和维护的都是资产阶级的利益。西方国家的总统、总理、首相等政府首脑，虽然其各自国家的政体有所不同，但他们都是资产阶级政党的代言人。针对这种政治现象，恩格斯深刻指出，"他们轮流执掌政权，以最肮脏的手段来达到最肮脏的目的"，"这些人

在线答疑

问：为什么西方国家同为资产阶级政府，但政府首脑称谓不尽相同？

答：西方国家都是资产阶级占统治地位的国家，但由于各自历史文化和政治传统等原因，它们采取的政权组织形式也会有所不同，主要有民主共和制和君主立宪制两种基本类型。民主共和制又分为总统制和议会制，君主立宪制又分为议会制和二元制。民主共和制的政府首脑多称为总统或总理，君主立宪制的政府首脑多称为首相。

表面上是替国民服务，实际上却是对国民进行统治和掠夺"。

社会主义国家的政府，是以马克思主义国家学说为指导建立起来的，区别于以往一切旧政府，不是为少数人谋利益，而是为维护绝大多数人利益而存在的。新中国的人民政府从诞生之日起，就在党的领导下，把为人民服务、推动国家发展作为不懈追求和目标。

按照马克思主义的观点，政府作为上层建筑的一部分，是由经济基础决定的。经济不断发展，社会不断进步，人民生活不断改善，上层建筑就要适应新的要求不断进行改革。这是人类社会发展的一条普遍规律。在某种意义上，经济基础就好比气候，政府体制就像衣服一样，气候出现冷热变化，衣服也随之增减。新中国成立70多年来，根据不同时期的发展要求和特点，人民政府不断改革调整自己的职能定位和内部架构，使

知识链接

抗战时期著名的"精兵简政"

1941年年初，日伪实行大规模的残酷"扫荡"，抗日根据地明显缩小，财政经济极端困难。为了解决这一问题，我们党在根据地实行"精兵简政"，压缩合并党、政、军、民领导机构，减少机关行政人员和部队的非战斗人员，充实到基层和连队。这项政策首先在陕甘宁边区实行，随后推广到各根据地，至1943年年底基本结束，对成功度过困难时期、提高部队战斗力、实现根据地可持续发展，起到了重要作用。

行政体制更好地适应经济社会发展。

新中国成立初期，国家的主要任务是尽快恢复国民经济，巩固新生的人民政权，开展大规模社会主义建设。此时我国行政体制的建立和调整，基本上围绕着这一主要任务来进行。从最初政务院35个部门开始运转，到1954年国务院正式成立，再到1956年精简机构下放权力……我国行政体制从零起步，伴随着社会主义革命和建设的进程不断发展。这一时期我国的行政体制，主要是为了适应计划经济而建立的，对国民经济的恢复和稳定发挥了积极作用。但也存

1949年10月21日中央人民政府政务院财政经济委员会成立

在政企不分、管得过多过细的问题。20世纪50—70年代，仅机械工业领域就有七八个部委。后来发生了十年内乱，使国家行政体制遭到严重破坏，甚至一度处于瘫痪状态。

"文化大革命"结束后，政府机关得到大规模恢复和重建，但同时也带来机构臃肿、效率不高等问题。邓小平同志指出，精简机构是一场革命；如果不搞这场革命，是不可能得到人民赞同的。自此，我国行政体制改革的主要任务，就是适应党和国家工作中心转移、社会主义市场经济发展和各方面工作不断深入的需要。这些年来，我国行政体制改革深入推进，使政府角色发生重大变化，由"全能型政府"逐渐向"服务型政府"转变，各方面行政职能不断优化、逐步规范，实现了政府职能体系的重大转变。同时，随着经济社会发展，一些新行业新业态新领域不断涌现，我国行政体制也围绕这些方面进行改革，以适应社会生产力的快速发展。

"世易时移，变法宜矣。"党的十八大以来，为适应推进国家治理体系和治理能力现代化的需要，我国行政体制改革向纵深发展。特别是党的十九届三中全会作出深化党和国家机构改革的决定，围绕完善坚持党的全面领导的制度、优化政府机构设置和职能配置、统筹党政军群机构改革、合理设置地方机构4个方面进行了部署，对政府职能和结构进行了大幅度改革，堪称一次系统性、整体性的重构。党的十九届四中全会按照更加成熟更加定型的目标，对行政体制改革的基本方向和重点任务作出部署。可以预见，随着行政体制改革效能的初步显现，一个职责明确、依法行政的政府治理体系正在形成。

回顾过去70多年，中国特色社会主义行政体制是立足我国基本政治架构、适应经济社会发展需要而形成的中国式行政。它之所以行之有效，就在于能够充分反映党的意志和人民意愿，能够调节政府和市场、政府和社会、中央和地方的关系，使经济社会既充满活力又有序发展。

二 建设服务型政府

为企业松绑、为创新助力、为公平护航……党的十八大以来，一场广泛而深刻的"放管服"改革在神州大地激荡开来。国家层面大刀阔斧推进，大幅削减行政审批事项，彻底终结非行政许可审批，坚决砍掉各种"奇葩"证明，尽量压缩企业开办时间；地方政府因地制宜进行探索，如"最多跑一次""一

 **知识链接**

"放管服"改革

"放管服"改革，即简政放权、放管结合、优化服务的简称，是近年来我国深化行政体制改革的重要抓手。"放"就是简政放权，降低准入门槛；"管"就是创新监管，促进公平竞争；"服"就是高效服务，营造便利环境。这一改革举措，对于推动政府职能深刻转变、激发市场活力具有重要促进作用。

知识链接

市场准入负面清单

市场准入负面清单，是指政府列出禁止和限制进入的投资经营行业、领域、业务的清单，规定各类市场主体不能做什么，清单之外的领域可以自由进入。缩减市场准入负面清单，大幅度减少政府审批的范围和事项，为市场发挥作用提供更大的空间。

枚公章管审批""不见面审批""一门式一网式"等，创造了许多好经验好做法。这场上下联动的行政体制改革，实现了政府机构和运行机制的华丽转身，使经济社会活力竞相迸发、财富创造源泉充分涌流。

据统计，2019年全国新登记市场主体2377万户，平均每分钟有超过40户诞生；全年累计新增减税降费超过2.3万亿元，企业负担得到大幅减轻；推出市场准入负面清单事项131项，缩减比例达13%，放宽了企业进入的领域。这些数据，集中反映了各级政府以断腕之痛打开市场活力之门所获得的巨大红利，是建设人民满意的服务型政府的亮丽成绩单。

服务型政府，相对于传统的管制型政府而言，通俗地讲，就是以服务人民、服务市场和社会为目标，并承担相应职责的现代政府治理模式。建设服务型政府是现代国家治理的一个重要标志，是我国行政体制改革的基本方向。这些年来，围绕这一方向，我们持续推进行政体制改革，促使各级政府加速向服务型政府转变，积累了宝贵经验。党的十九届四中全会全面总结我国行政体制改革的成功做法，对建设人民满意的服务型政府作出了整体性的制度安排。

由"大包大揽"走向"收放有度"，大力加快政府职能转变。建设服务型政府，就是要正确处理政府和市场、政府和社会的关系，明确政府的职责边界，该由政府做的不缺位，该由市场和社会做的一定要放权到位，不能越俎代庖。这次全会提出要优化政府职责体系，完善政府经济调节、市场监管、社会管理、公共服务、生态环境保护等职能，为转变政府职能指明了方向。形象地说，就是政府要当好国民经济的"领航员"、市场秩序的"裁判长"、和谐稳定的"守护神"、公共服务的"供给方"、美丽中国的"捍卫者"。

由"物理重组"走向"化学反应"，不断激发政府结构效能。2018 年 2 月至 2019 年 7 月，一年多来，从中央到地方，

 特别关注 ◄

浙江省深入推进"最多跑一次"改革

近年来，浙江省在推进政务服务改革中，鲜明地提出"最多跑一次"的改革目标，即通过"一窗受理、集成服务、一次办结"的服务模式创新，让企业和群众到政府办事"最多跑一次"。

特别关注

上海"一网通办"建立"好差评"制度

从 2019 年 8 月开始，上海政务服务综合平台"一网通办"正式建立"好差评"制度，企业和群众可以对线下实体窗口、线上服务门户、移动端、"12345"市民服务热线、自助终端等各类政务服务渠道进行评价。作为首批试点省市之一，上海通过建立政务服务"好差评"制度，真正让企业和群众成为改革的监督者、推动者和受益者。

深化党和国家机构改革全面展开、压茬推进。国务院主要涉及 23 个部门，正部级机构减少 8 个，副部级机构减少 7 个，各地政府也进行了大幅度调整合并。这次改革力度之大、范围之广、程度之深前所未有。现在，改革已经完成合署办公、人员转隶、机构挂牌等"物理重组"，还需要通过继续优化政府组织结构，使之发生脱胎换骨的"化学反应"，让政府机构设置更加科学、职能更加优化、权责更加协同，形成高效率组织体系。

由"粗放式管理"走向"高质量服务"，着力提高政府工作水平。现代政府的一个重要标志，就是政府职能由管理型向服务型转变。近年来，随着建设服务型政府的深入推进，各级

特别关注

国家政务服务平台上线亮相

　　为推动政务服务全国范围内"一网通办、异地可办"，2019年国家政务服务平台整体上线试运行。该平台作为全国政务服务的总枢纽，具备支撑一网通办、汇聚数据信息、实现交换共享、强化动态监管四大功能，解决跨地区、跨部门、跨层级政务服务中信息难以共享、业务难以协同、基础支撑不足等突出问题。目前，该平台已联通31个省区市及新疆生产建设兵团、40余个国务院部门政务服务平台，接入地方部门300余万项政务服务事项和一大批高频热点公共服务。

行政机关服务群众的意识不断增强，门难进、脸难看、事难办的现象明显减少，基于大数据、云计算、人工智能等互联网新手段提高政务服务水平的能力显著提升，"信息孤岛""数据烟囱""连接壁垒"等问题正在破解，但与人民群众更高期待相比还有一定差距。2019年年底，国务院办公厅印发《关于建立政务服务"好差评"制度提高政务服务水平的意见》，目的就是要充分发挥群众评价的激励机制，推动政务服务水平持续提升。

 发挥两个积极性

中央和地方的关系，这是一个亘古存在的政治话题。二者的关系处理得好，国家就能长治久安、繁荣发展；处理得不好，国家要么陷入内乱甚至分裂，要么失去活力乃至衰退。

我国古代 2000 多年的封建统治，总体上是中央集权占主导。历史上几次大分裂时期，都与地方势力过大有关。元明清的统治者吸取了历史教训，通过不断加强中央集权，确保了延续千年的大一统格局。这种高度的中央集权在明清时期达到了顶峰，极大遏制了地方的自主性，社会上出现的新兴生产力因素被扼杀在萌芽状态，使封建的腐朽统治又延续了好几百年，成为近代以后中国落后于西方的一个重要原因。从我国封建王

 权威声音 ◀

新时代需要更好地发挥"两个积极性"

楼阳生（山西省委书记、省人大常委会主任）：中国特色社会主义进入新时代，更好满足人民日益增长的美好生活需要、着力解决发展不平衡不充分问题、有效应对各方面重大风险挑战，对发挥中央和地方两个积极性、完善政府治理体系提出了新的更高要求。

云热评

▷ 政府法无授权不可为，市场法无禁止即可为。

▷ 过去是门难进、脸难看、事难办，现在是做实功、办实事、见实效。

▷ 政府"有为"不等于事事皆为，政府"无为"不等于无所作为。

▷ 在经济社会活动中，政府不能当上场踢球的"运动员"，而要当好执行规则和维护秩序的"裁判员"。

▷ 中央对地方要"收放自如"，不能陷入"一收就死、一放就乱"的怪圈。

朝兴衰成败的历史来看，在"家天下"的统治框架内，无论王朝如何更替，中央和地方的权力分配都是"零和博弈"的对立关系，是永远无法解开的死结。

社会主义中国建立后，我们党认为在社会主义制度下，中央和地方政府都代行人民的权力、代表人民的利益，没有自己的特殊利益，因而在本质上是一致的、统一的，是相辅相成、相得益彰的关系。但我国是一个大国，有自己特殊的国情，人口众多，地域辽阔，一个省比有的国家还大，各地发展很不平衡。怎么做到既能保证号令统一又能调动地方积极性，始终是中国特色社会主义行政体制面临的重大课题。毛泽东同志在《论十大关系》中指出："我们的国家这样大，人口这样多，情况这样复杂，有中央和地方两个积极性，比只有一个积极性好得多。"

新中国成立70多年来，我们党始终把处理好中央和地方的关系作为国家治理的头等大事，既注重维护国家统一和中央权威，又赋予地方更多自主权，使两个积极性都能得到充分发挥。党的十九届四中全会站在中国特色社会主义长远发展的历史高度，从制度层面对理顺中央和地方的权责关系作出刚性要求，努力构建从中央到地方权责清晰、运行顺畅、充满活力的工作体系。落实好全会精神，必须科学把握统一性和多样性的关系，提高政治站位，克服本位主义，形成上下一条心、合力办大事的生动活泼局面。

在事权划分上，加强中央宏观事务管理，维护国家法制统一、政令统一、市场统一。适当加强中央在知识产权保护、养老保险、跨区域生态环境保护等方面事权，减少并规范中央和地方共同事权。同时，赋予地方更多自主权，支持地方创造性开展工作。规范垂直管理体制和地方分级管理体制，形成权责一致的管理体制。

 知识链接

国税和地税

国税是中央税收的简称，主要负责征收中央税、中央与地方共享税；地税是地方税收的简称，主要负责征收地方税。在我国，国税和地税的分立源自 1994 年的分税制改革，目的是理顺中央与地方财权关系、增强国家的宏观调控能力。20 多年来，分税制对调动中央与地方两个积极性起到了重要作用，但也带来了征收成本过高、执法不统一的问题。2018 年 3 月，税收征管体制再改革，国税地税正式合并，实行以国家税务总局为主、与省（区、市）人民政府双重领导管理体制。

在财权分配上，优化政府间事权和财权划分，建立权责清晰、财力协调、区域均衡的中央和地方财政关系，形成稳定的各级政府事权、支出责任和财力相适应的制度。按照分税制原则，把适合作为地方收入的税种下划给地方，为各级政府履行事权和支出责任提供财力保障。

民之所望，施政所向。1949年10月1日，毛泽东同志在天安门城楼上庄严宣告："中华人民共和国中央人民政府今天成立了！"从那天起，人民政府秉持人民至上的理念一路走来，以自我革命的精神和无愧于时代的业绩，深深践行了"人民有所呼，改革有所应"的公仆情怀和使命担当。

深度阅读

1.《中共十九届三中全会在京举行 中央政治局主持会议 中央委员会总书记习近平作重要讲话》,《人民日报》2018年3月1日。

2.《习近平在深化党和国家机构改革总结会议上强调 巩固党和国家机构改革成果 推进国家治理体系和治理能力现代化》,《人民日报》2019年7月6日。

扫一扫

经世济民正其制

——社会主义基本经济制度有何重大发展？

　　1960 年前后，毛泽东同志在读苏联《政治经济学教科书》时说过，社会主义经济本身还没有成熟，还在发展中，现在要写出一本成熟的社会主义政治经济学教科书，还是一件困难的事情。60 年过去了，社会主义中国不仅取得了震古烁今的发展成就，而且以其对经济制度的独特创造和重大突破，写出了一部熠熠生辉的中国特色社会主义政治经济学教科书。

所谓基本经济制度，就是反映一个国家生产关系的基本制度规定，在整个经济制度体系中具有基础性地位。党的十九届四中全会在深入总结我国社会主义经济建设经验的基础上，把"按劳分配为主体、多种分配方式并存""社会主义市场经济体制"同"公有制为主体、多种所有制经济共同发展"一道确立为社会主义基本经济制度。这一重大理论创新，反映了我们党对社会主义经济建设规律的认识达到一个新高度，是把马克思主义基本原理同我国社会主义初级阶段基本国情和发展实际相结合的伟大创造，是对马克思主义政治经济学的原创性贡献。

 基本经济制度有何发展

经济活动，概而言之，就是人们生产、分配、交换、消费一切物质资料的活动，对于人类生存和发展具有基础性作用。马克思、恩格斯对未来社会的设想，建立在对资本主义经济制度的剖析和批判之上，认为社会化大生产和生产资料私有制是一对不可调和的矛盾，这一矛盾只有资本主义制度消亡才能消除。在此基础上，他们作出了预测性的描述，社会占有、计划调节、按劳分配是社会主义的三大基本特征。

苏联作为第一个社会主义国家，是最早把马克思主义经济理论付诸行动的实践者。起初阶段，他们结合自身实际作了很多有益探索。比如，战时共产主义政策、新经济政策等，对巩

知识链接

战时共产主义政策和新经济政策

战时共产主义政策亦称"军事共产主义"，是苏俄在1918—1921年帝国主义武装干涉和国内战争爆发时期实行的经济政策，主要是在城市实行供给制，中小企业收归国有，在农村实行余粮收集制，农民除口粮、种子外把剩余粮食全部以极低的价格卖给国家。随着战事结束，战时共产主义政策不再适应形势需要。1921年3月，苏俄开始推行向社会主义过渡的新经济政策，以固定的粮食税代替余粮收集制，允许农产品自由买卖，部分恢复私营经济，改普遍义务劳动制为按劳分配制。这一政策很快帮助苏俄解决了经济困难和政治危机，促进了国民经济的恢复和发展，一直到1928年结束。

固新生苏维埃政权、发展社会主义经济，起到了积极作用。但逐渐走向僵化，把社会主义机械地概括为"公有制＋计划经济＋按劳分配"，形成了高度集中的经济体制，使苏联社会主义经济逐渐失去活力，很长一段时间都处于缓慢发展甚至停滞不前的状态。第二次世界大战后，苏联一度是世界第二大经济体，仅次于美国，但后来被日本超过。经济体制僵化，成为导致苏联解体的重要原因。

新中国成立后，我们迅速完成社会主义改造，建立起社会主义公有制的基本经济制度，在分配领域实行按劳分配，经济体制采用计划经济，使社会主义经济建设在短时间内取得了显

知识链接

一大二公

"一大二公"是20世纪50年代后期我国开展的人民公社化运动特征的简称。所谓大，就是规模大，将原来一两百户的合作社合并成四五千户乃至一两万户的人民公社，一般是一乡一社；所谓公，就是公有化程度高，一切财产上交公社，在全社范围内统一核算，统一分配，追求纯而又纯的经济成分和分配方式。这种"吃大锅饭"的做法直接导致了平均主义，使农民的生产积极性受到抑制，给农业生产带来了不良后果。

著成效。但对在中国这样一个经济文化落后的东方大国怎样发展社会主义、实行什么样的经济制度，我们没有完全搞清楚，实践中，片面追求"一大二公"、搞平均主义、指令性计划生产，导致社会生产力长期发展缓慢，人民生活水平提高不快。

改革开放忽如一夜春风来，吹皱了经济制度的一潭池水。从小岗村"大包干"打破坚冰到个体私营经济蓬勃发展，从"星期日工程师"到票证进入历史博物馆，从"计划经济为主、

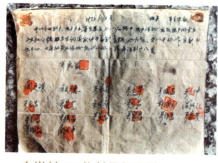

小岗村18位村民摁下的红手印

我国第一张个体户营业执照

特别关注 ◀

星期日工程师

"星期日工程师"，是对改革开放初期利用业余时间兼职科技人员的形象称呼。当时，苏南乡镇企业蓬勃发展，但缺少懂技术懂设备的专业人员，就从上海、南京等城市的工厂和科研机构聘

请人才来指导生产经营。"星期日工程师"利用节假日，在完成本职工作、不侵害国家和单位技术以及经济利益的前提下，为民营经济和各类企业提供智力支持和技术服务。图为"星期日工程师"在调试仪器。

市场调节为辅"到确立社会主义市场经济体制的改革目标……这些建立在社会主义初级阶段基础上的制度改革举措，解放和发展了社会生产力，促进了中国经济的腾飞。这也使我们认识到，社会主义所有制和分配方式并不是越纯越好，计划和市场都只是手段，经济制度必须立足于我国的发展实际。

党的十八大以来，基于我国社会主要矛盾的变化，我们对社会主义经济制度的认识更加深化，实施了许多影响深远的重大制度改革。比如，农村土地"三权分置"改革，在家庭联产承包责任制破解西方所谓"公地悲剧"的基础上，把经营权从承包经营权中分离出来，实现所有权、承包权、经

知识链接

公地悲剧

"公地悲剧"是西方经济学中的一个构想：在一个开放的牧场上，每个牧羊者都希望自己的收益最大化，虽然明知牧场会退化，但还是会不顾牧场的承受能力而不断增加羊群数量，最终导致牧场退化，使所有人的利益受损，这就是悲剧所在。作为一种比喻概念，它认为公有制条件下难以解决个人利益和公共利益的矛盾。

营权"三权分置"，让闲置撂荒的土地流转起来，适应了现代农业规模经营发展的需要，为世界土地制度提供了一种全新选择。再比如，把市场在资源配置中的"基础性"作用改为"决定性"作用，同时更好发挥政府作用，让"看不见的手"和"看得见的手"各司其职、相互配合，实现了对政府和市场关系认识的重大突破。可以说，党的十九届四中全会在基本经济制度上的重大创新，是我们党带领人民在经济建设中不断探索、深入实践的智慧结晶。

回顾 70 多年我国基本经济制度的形成过程，中国特色社会主义政治经济学教科书，既不是马克思和恩格斯"母版"的简单套用，也不是苏联模式"翻版"的复制粘贴，更不是西方资本主义"模板"的削足适履，而是把社会主义基本原则和中国发展实际相结合创造出来的"新版"，为社会主义经济制度的丰富发展贡献了中国方案。

二 基本经济制度必须坚持

　　近年来，"混改"成为我国经济领域的一个热词。它是混合所有制改革的简称，目的就是推动国有资本、集体资本和非公有资本等不同性质的资本交叉持股、相互融合，使不同成分的资本取长补短、共同发展，推动生产资料的优化配置，增强国民经济的活力和效率。在社会主义公有制占主体的基本框架下，积极发展混合所有制经济，是新形势下坚持"两个毫不动摇"的具体体现，是我国基本经济制度实现形式的重大创新。

　　基本经济制度是一个国家占主导地位生产关系的总和，必

 特别关注

中盐股份成为"混改"新样本

　　2019年9月，中国盐业股份有限公司采用完全市场化方式，在北京产权交易所公开增资，按照"价值观契合、战略有协同、实力有保障"的标准成功引入13家战略投资者，总投资额30.6亿元。本次"混改"，对于进一步释放盐业市场活力、加快推动行业新格局形成具有重要意义。图为中盐股份"混改"增资项目签约仪式。

须与这个国家的发展阶段相适应。多年来，我们把公有制为主体、多种所有制经济共同发展作为基本经济制度。这次全会在此基础上，把按劳分配为主体、多种分配方式并存，社会主义市场经济体制确立为我国的基本经济制度，是习近平新时代中国特色社会主义经济思想的重要创新和发展。

这3项基本经济制度相互联系、相互支持、相互促进，具有长期性和稳定性，起着规范方向的作用，对经济制度属性和经济发展方式具有决定性影响。它们犹如3个支点，共同支撑起社会主义经济的主体框架。推进新时代经济改革发展，必须坚持和完善社会主义基本经济制度，为建设现代化经济体系提供制度遵循。

"两个毫不动摇"缺一不可。公有制经济与非公有制经济的关系，不是谁吃谁的关系，而是谁也离不开谁的关系，两者是你中有我、我中有你的合作共生关系。近年来，党中央、国务院既毫不动摇巩固和发展公有制经济，又毫不动摇鼓励、支持、引导非公有制经济发展，不断激发各类市场主体的活力。在公有制经济方面，出台了国有企业改革"1+N"文件体系，

 知识链接 ◀

民营经济的"五六七八九"

民营经济已经成为推动我国经济发展不可或缺的力量，贡献了50%以上的税收，60%以上的国内生产总值，70%以上的技术创新成果，80%以上的城镇劳动就业，90%以上的企业数量。

"1"指的是《关于深化国有企业改革的指导意见》，"N"指的是多个相关配套文件，为增强国有企业的实力和竞争力提供了政策保障；在非公有制经济方面，召开民营企业座谈会，出台《关于营造更好发展环境支持民营企业改革发展的意见》，为民营经济的繁荣发展注入了强心剂。这次全会《决定》把"两个毫不动摇"的制度规定进一步体系化，为完善我国所有制结构奠定了制度基础。

"两种分配方式"同时并存。在社会主义初级阶段，按劳分配是基本原则，也允许和鼓励资本、土地、知识、技术、管理等其他生产要素参与分配，实现效率和公平的有机统一。这次全会把"数据"增列为生产要素，反映了数据对提高生产效率的乘数作用凸显，数字经济对引领新兴产业发展极为重要。另外，全会对发挥再分配的调节作用、规范收入分配秩序、扩大中等收入群体作出了明确部署，在"做大蛋糕"的同时"分好蛋糕"，让人民群众共享改革发展成果。

"两只配置之手"相得益彰。在市场经济条件下，经济活动的一个根本问题，就是如何有效配置资源。其中起作用的主要有两种手段：一个是市场，被称为"看不见的手"；另一个是政府，被称为"看得见的手"。这两只手的关系一直是市场经济的核心问题，西方国家搞了几百年也没有很好解决，古典自由主义、凯恩斯主义、新自由主义轮番登场，都没有从根本上处理好。社会主义制度和市场经济的结合是一个伟大创造，

知识链接

古典自由主义、凯恩斯主义和新自由主义

古典自由主义发源于十七八世纪，主张自由放任的经济政策，政府管得越少越好，通常被认为是适应自由资本主义发展产生的一种意识形态，代表人物是亚当·斯密。凯恩斯主义兴起于 20 世纪 30 年代经济大萧条之后，主张政府必须加强对经济和社会生活的干预，维持供给和需求的动态平衡，代表人物是凯恩斯。新自由主义于 20 世纪 70 年代登上历史舞台，坚决反对政府对经济的干预，推崇市场原教旨主义，奉行绝对的市场化、自由化和私有化，代表人物有哈耶克、弗里德曼、卢卡斯。

马克思主义经典作家没有讲过，西方经济学家也认为不可能。但我们很好地把"看不见的手"和"看得见的手"结合起来，对政府和市场关系的认识实现了重大突破，既让市场这只手充分施展，推动资源配置实现效益最大化、效率最优化，又让政府这只手收放自如，不缺位、不越位。这次全会明确提出建设高标准市场体系，在更宽领域和更深层次上，为推进社会主义市场经济体制改革指明了方向。

三 辩证看待当前经济形势

股市是经济的"晴雨表"和"风向标"，经济活动的风吹草动，都会在股市上有所体现。受新冠肺炎疫情影响，2020 年

第一季度，全球资本市场遭遇重挫，欧美股市出现了近40%的跌幅，甚至有的国家在短期内连续出现历史罕见的4次熔断，让世人为之错愕。反观中国股市，虽然也有波动起伏，但总体上平稳，展现出较强韧性和抗风险能力，被一些国际金融人士誉为未来全球资本的"避风港"。中国股市稳定的背后，是我国经济稳中向好、长期向好基本趋势的强力支撑。

客观地讲，疫情对经济活动的影响是明显的。在全球疫情大流行的背景下，世界经济深度衰退，国际贸易和投资大幅萎缩，产业链供应链循环受阻，大宗商品市场动荡。就我国而言，疫情不可避免地对经济社会造成了较大冲击，使经济活动受到抑制。从总需求角度看，2020年1—2月，我国消费和投资大幅下降，降幅均超过20%，受国外疫情的波及，外贸出

🎤 **权威声音** ◄

中国经济长期向好的基本面没有发生改变

王一鸣（全国政协委员、国务院发展研究中心原副主任）：新冠肺炎疫情的暴发，给中国经济与世界经济带来较大冲击。疫情对中国经济的冲击是短期的、阶段性的，中国经济长期向好的基本面没有发生改变。一是中国仍然处在工业化、城市化的进程当中，自我修复能力更强；二是中国具有超大规模经济体的优势，抗冲击能力比其他经济体更强；三是通过抗击疫情，进一步凝聚起全国人民战胜困难、团结一心、建设国家的决心和信心。

广东省东莞市外贸企业正在抓紧完成国外订单任务

四川省成都市一家火锅店复业接待顾客

北京市北汽集团工人在生产线上组装车辆

口下降 15.9%，拉动需求的"三驾马车"都略显疲软；从总供给角度看，三次产业都受到不同程度的影响，交通运输、旅游、餐饮住宿、娱乐文化、商贸会展等服务业受冲击最大，疫情期间 78% 的餐饮企业营收损失达 100% 以上。据国家统计局初步核算，2020 年一季度国内生产总值为 206504 亿元，按可比价格计算，同比下降 6.8%。应该说，在疫情的影响下，我国经济下行压力持续加大，给完成今年经济社会发展目标任务带来困难和挑战。

但综合起来看，我国经济社会大局保持稳定，经济长期向好的基本面和内在向上的趋势没有改变，疫情对我国经济的冲击是短期的、外在的，总体是可控的。作出这样的判断，是有科学而充足的事实依据的。

特别关注

海南自由贸易港建设全面启动

2020年6月1日，中共中央、国务院印发《海南自由贸易港建设总体方案》，标志着海南自由贸易港建设全面启动。海南自由贸易港是在海南全岛建设自由贸易试验区和中国特色自由贸易港，分步骤、分阶段将其打造为引领我国新时代对外开放的鲜明旗帜和重要开放门户。这是党中央着眼国内国际两个大局，深入研究、统筹考虑、科学谋划作出的重大战略决策。图为2020年7月1日海南实施离岛免税购物新政策后旅客排队提货的场景。

我国经济家底丰厚，抗冲击力强。经过70多年特别是改革开放以来的发展，我国经济已经成长为"巨无霸"，拥有超级体量和足够韧劲。现在，我国国内生产总值接近100万亿元，按年平均汇率折算，占全球经济的比重超过16%，外汇储备连续14年居世界第一。我国还是全球第一的制造业大国，是唯一拥有联合国产业分类所列全部工业门类的国家，220多种工业产品产量居世界第一。我国经济的规模性、生产制造品类的齐全性，使外生冲击难以撼动经济的长期发展趋势，更为疫情防控提供了充足"弹药"。

我国经济潜力十足，回旋余地大。我国正处在新型工业

❤ **云热评** ◀

> 所有制、分配方式和经济体制犹如3根立柱，构成了我国基本经济制度的总体框架。

> 社会主义的经济发展，没有现成路径可走，也没有金科玉律可循，只能在实践中探索，在披荆斩棘中杀出一条血路。

> 这次疫情对我国经济产生了一定的影响，但没有从根本上"伤筋动骨"，只是短暂的"皮肉之痛"。

> "穷则变，变则通，通则久"，是中华传统文化之智，也是中国化危为机之道。

> 西方国家市场经济经营了几百年，也没有搞定政府和市场的关系，总是在非此即彼中摇摆不定。

化、信息化、城镇化、农业现代化同步发展进程中，每年有大量的农业人口进城落户，中等收入群体不断扩大，满足人民日益增长的美好生活需要、解决发展不平衡不充分问题，所产生的需求是全面的、巨大的、持久的。我国拥有14亿多人的消费市场，国内储蓄率高，人力资源丰富，蕴藏着巨大的消费潜力和创新创业潜能，为经济持续增长提供了强劲动力。

我国经济调控有力，政策工具多。我国有中国共产党的坚强领导，实行社会主义市场经济，能够将社会主义的制度优势和市场经济的活力结合在一起，并不断优化这个组合，使政府和市场的作用都得到有效发挥。在疫情面前，我国宏观调控政策的空间和手段是十分充足的，财政和金融货币体系等抗风险的韧劲强，有足够的政策工具，可以有效地对冲疫情的冲击和经济下行的压力。

因此，我国经济长期向好的基本面，是由我国经济基础、发展潜力、体制机制、宏观政策等多种因素共同决定的，是长期起作用的基本格局，不会因疫情冲击这种短期因素而发生改变。从现实情况看，随着疫情防控进入常态化，我国经济已经呈现复苏势头，逐渐回归正常发展轨道。

四 中国经济如何化危为机

困境之中往往会萌发新生事物。疫情之下，许多传统的经济产业受到严重影响，但也催生出一些新兴经济业态。"迅萌下单""官员带货"火爆刷屏、"指尖交易""云端销售"蔚然成风、"宅经济""夜经济"迅速崛起、"新基建""新消费"引领风潮……这些令人目不暇接的新经济模式逆势增长，成为疫情期间的一抹亮色，为我国经济发展提供了新的增长点。

习近平总书记指出："危和机总是同生并存的，克服了危

"央视 girls"公益直播助力湖北

地方领导干部线上推销当地特产

特别关注

新基建打造经济新蓝海

新基建，是新型基础设施建设的简称，相对于铁路、公路、机场等传统基础设施建设而言，涉及5G网络、数据中心、人工智能建设等多个领域，是未来经济发展的重要支撑。据相关机构测算，2020年，我国5G投资规模将近3000亿元、数据中心投资规模约1000亿元、人工智能投资规模超350亿元。图为江苏省南京市鸡鸣寺中国电信5G基站。

即是机。"任何事物都是在矛盾的对立统一中发展的，在化解矛盾中实现螺旋式发展。人类发展历史一再表明，顺境中有挑战，逆境中有机遇，挑战和机遇可以在一定条件下互相转化，关键是要充分发挥主观能动性，善于把握时机，积极创造条件，促进事物朝好的、进步的方向发展。

新冠肺炎疫情对我们来说是一次危机，也是一次大考。只要我们保持迎难而上的信心和勇气，变压力为动力，善于化危为机，有序恢复生产生活秩序，扎实做好"六稳"工作，全面落实"六保"任务，加大政策调节力度，把我国发展的巨大潜能和强大动能充分释放出来，就能够如期完成决战决胜脱贫攻坚目标任务，全面建成小康社会。

在线答疑

问：什么是"六稳""六保"？

答："六稳"是指稳就业、稳金融、稳外贸、稳外资、稳投资、稳预期工作；"六保"是指保居民就业、保基本民生、保市场主体、保粮食能源安全、保产业链供应链稳定、保基层运转任务。

化危为机，"机"从强产业来。产业是经济的骨骼，支撑起国民经济的整个肌体。目前，我国企业已基本复工复产，接下来的重点是落实好相关保障措施和支持政策，坚持以供给侧结构性改革为主线，积极推进经济转型和产业升级。加大科技创新力度，积极发展智能制造、在线消费、医疗健康等新兴产业，推动生物医药、医疗设备、5G网络、工业互联网等加快

特别关注

"夜经济"拓展消费新空间

所谓"夜经济"，是以市民和游客为消费主体，以购物、休闲、文化、健身为主要形式，发生在夜间的消费经济。据有关机构统计，目前中国约有60%的消费发生在夜间，已经成为当下提升城市活力、拉动经济发展的重要新引擎。图为河南省开封市热闹非凡的鼓楼夜市。

发展，提升我国在全球产业链和价值链中的地位。

化危为机，"机"从扩内需来。近几个月来，不少地方给当地居民发放消费券，通过政府引导和商家促销相结合的方式，刺激消费回暖，效果十分明显。必须采取有效措施，尽快把被抑制、被冻结的消费释放出来，把在疫情防控中催生的新型消费、升级消费培育壮大起来，使实物消费和服务消费得到回补。加快在建、新开工和新型基础设施建设，加强用工、用地、资金等要素保障，优化投向结构，注重调动民间投资积极性，发挥有效投资对经济的拉动作用。

化危为机，"机"从稳外贸来。当前，全球许多国家的疫情仍在蔓延，世界经济将会更为糟糕，我国在外贸压力犹存的

特别关注 ◄

疫情期间"宅经济"成为经济新增长点

"宅经济"，就是"宅"在家里催生的经济新业态。新冠肺炎疫情暴发期间，线上购物、餐饮外卖、生鲜配送、在线教育、远程医疗等"宅经济"逆势上涨、发展迅猛，成为经济发展中的一大亮点。国家统计局数据显示，2020 年 1—2 月，全国实物商品网上零售额达 11233 亿元，占社会消费品零售总额的比重为 21.5%。图为快递员把货品送到社区集中领取点。

特别关注

五一期间我国旅游市场稳步恢复

据文化和旅游部的统计数据，2020 年 5 月 1—5 日，全国共计接待国内游客 1.15 亿人次，实现国内旅游收入 475.6 亿元，旅游市场基本恢复到 2019 年同期的 50%。在疫情防控常态化的情况下，旅游业复工取得新进展，旅游市场和消费信心呈现回暖势头。

情况下，又面临更严峻的挑战。必须用足用好合规的外贸政策工具，开拓多元化国际市场，稳定国际市场份额，稳住外贸基本盘。我国在全球产业链中具有举足轻重的地位，必须保障外贸产业链供应链畅通运转，全力维护全球产业链安全。落实贸易、投资自由化便利化政策，继续优化营商环境，增强外商长期投资经营的信心。

化危为机，"机"从激活力来。微观主体是市场经济的细胞。目前我国各类市场主体已达到上亿级，它们活力充足，既是经济景气的"信号灯"，又是经济增长的"发动机"。2020 年 5 月，中共中央、国务院印发《关于新时代加快完善社会主义市场经济体制的意见》，对激发微观经济活力提出了明确要求。必须以完善产权制度和要素市场化配置为重点，全面深化经济体制改革，加快完善社会主义市场经济体制，建设高标准市场体系，实现产权有效激励、要素自由流动、价格反应灵活、竞争公平有序、企业优胜劣汰。加大对民营经济、劳动密集型行业和中小微企业的支持力度，充分发挥企业家积极性主动性创造性，激发他们干事创业的热情和劲头。

"千磨万击还坚劲，任尔东西南北风。"中国经济不是一个小池塘，而是一片汪洋大海，有着容纳百川的宽广胸襟和激浊扬清的强大力量。我们有理由相信，在中国特色社会主义制度的光辉照耀下，中国经济大海的浪潮澎湃奔涌，必将冲破绝壁的阻挡夺隘而出，奔向更加辽阔更加壮美的海域。

深度阅读

　　1.习近平：《在统筹推进新冠肺炎疫情防控和经济社会发展工作部署会议上的讲话》，《人民日报》2020年2月24日。

　　2.国家统计局：《中华人民共和国2019年国民经济和社会发展统计公报》，《人民日报》2020年2月29日。

　　3.《中共中央国务院关于新时代加快完善社会主义市场经济体制的意见》，人民出版社2020年版。

扫一扫

8

凝心聚神谱新篇
——社会主义先进文化制度怎么守正创新？

　　"艺"起战疫，"文"暖人心。从春晚新增抗疫节目到元宵节抗疫专场，从歌曲《坚信爱会赢》到《武汉伢》，从纪录片《中华医药 抗击疫情》到《在武汉》，从短视频《各地美食为热干面加油》到《高校校花为武大樱花送祝福》……一个个感人至深的节目，一首首触动心灵的歌曲，一部部鼓舞人心的片子，给人以无穷的信心和力量。抗击新冠肺炎疫情期间，不仅文艺界，社科理论、新闻出版、对外宣传等战线也积极行动起来，用笔尖书写、用镜头记录、用话筒传递，凝聚起万众一心、共克时艰的强大精神力量，发出了新时代社会主义先进文化的最强音。

直播现场

《相信未来》线上义演

2020 年 5 月，大型线上义演《相信未来》向全网开放、同步播出，以"对抗焦虑、回归日常"为主题，鼓励各行各业复工复产，号召人们相信未来、消除焦虑，重新投入新的生活。此次义演有上百名音乐人参与，共有超 4 亿人次在线观看。

文化是一个国家、一个民族的灵魂。文化的繁荣兴盛离不开制度的创新和完善。党的十九大以来，文化领域一系列制度相继建立健全。从颁布《中国共产党宣传工作条例》，到印发《新时代公民道德建设实施纲要》《新时代爱国主义教育实施纲要》，再到党的十九届四中全会对文化制度作出新的部署，构建起"四梁八柱"的制度体系，为推动社会主义先进文化守正创新、建设社会主义文化强国奠定了更加坚实的制度基础。

 固本培元筑根基

恩格斯曾经指出："一个民族要想站在科学的最高峰，就一刻也不能没有理论思维。"思想理论是文化的核心和灵魂，是引领一个国家和民族不断前进的旗帜和灯塔。发生于 14 世纪中叶到 16 世纪的欧洲文艺复兴，表面上是一场古典文化艺术复兴运动，实际上是新兴资产阶级反对封建主义的思想解放运动。我国 20 世纪 20 年代前后的新文化运动，通过提倡民主、反对专制，提倡科学、反对迷信盲从，促进了中国人民特别是知识分子的思想觉醒，为马克思主义在中国的传播创造了条件，为中国共产党的诞生作了思想准备。这些例子都表明，人类文明的每一次重大进步，都是以思想理论的突破为先导和前提的。

历史的潮流有多么汹涌澎湃，真理的力量就有多么雄浑深厚。产生于 19 世纪中叶的马克思主义，犹如一轮壮丽的红日喷薄而出，驱散了旧世界的层层黑暗，照亮了人类通往理想社会的康庄大道。马克思主义深刻揭示了自然界、人类社会和思维发展的普遍规律，是科学的理论、人民的理论、实践的理论、

 云热评

- 信仰之光永远不灭，真理火种代代相传。
- 人人践行核心价值观，就能形成"最大公约数"、画出"最大同心圆"。
- 舆论风清气朗，则造福人民；舆论乌烟瘴气，则祸害百姓。
- 让文物"活"起来，让文化"兴"起来，让文明"靓"起来。
- 传统文化根深沃土，革命文化主干遒劲，先进文化枝繁叶茂，中华文化大树生生不息、万古长青。

不断发展的开放的理论，是人类思想史上的高峰。170多年过去了，尽管世界发生了巨大而深刻的变化，但以世界社会主义500年的历史巨眸来看，我们依然处在马克思主义所指明的历史时代。随着时间的推移，我们越来越认识到马克思主义穿越时空的永恒价值和无穷力量。

坚持以马克思主义为指导，是中国共产党和中国人民在长期探索中得出的正确结论。从中国近现代史、中国共产党历史、新中国发展史都可以看出，正是因为有了马克思主义，我们才找到了改变旧中国悲惨命运的正确道路，取得了中国革命、建设和改革的胜利，迎来了中华民族伟大复兴的光明前景。马克思主义早已同中国共产党、中国人民和中华民族的命运紧紧连在一起，成为我们立党立国、兴党强国的根本指导思想。党的十九届四中全会把坚持马克思主义在意识形态领域指导地位明确为中国特色社会主义的根本制度，从观念形态的原则要求上升为制度层面的刚性约束，将更加坚强有力地确保把马克思主义指导地位落实到意识形态工作的各方面、全领域。

我国早期马克思主义者陈望道翻译《共产党宣言》

龙衮九章，但挈一领。意识形态领域涉及方方面面的工作，坚持马克思主

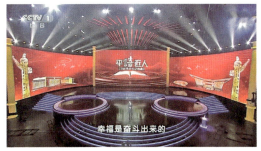

中央广播电视总台《平"语"近人》

湖南广播电视台《新时代学习大会》

义指导地位，犹如一根红线，贯穿社会主义文化建设的一切工作和所有活动。无论是理论武装还是新闻宣传，无论是文艺创作生产还是文化体制改革，无论是精神文明创建还是网络建设管理，都要坚定马克思主义这个"主心骨"，紧紧围绕这一根本制度来展开、来推进，大力宣传科学理论、传播先进文化、弘扬主流价值，确保我国文化建设始终沿着正确方向前进。

习近平新时代中国特色社会主义思想是马克思主义中国化最新成果，是当代中国马克思主义、21世纪马克思主义。坚持马克思主义在意识形态领域指导地位，第一位的任务就是用习近平新时代中国特色社会主义思想武装全党、教育人民，筑牢全党全国人民团结奋斗的共同思想基础。近年来，学习宣传贯彻党的创新理论取得明显成效，《习近平谈治国理政》《习近平新时代中国特色社会主义思想学习纲要》等权威读本陆续推出，《平"语"近人》《新时代学习大会》等一批电视理论节目广受欢迎，党的创新理论日益深入人心。在960多万平方公里的广袤土地上，9100多万名党员、14亿多中国人民越来越认识到，在当代中国，只有这一思想而没有别的什么思想能够引领中华民族复兴伟业、指引人民创造更加美好生活。

二 主流价值涵育人

在抗击新冠肺炎疫情的严峻斗争中，涌现出一大批可歌可泣的先进典型和感人事迹。白衣执甲、逆行出征的医务工作者，冲锋在前、顽强拼搏的党员干部，闻令而动、敢打硬仗的人民子弟兵，坚守岗位、日夜值守的公安干警和社区工作者，

特别关注

内蒙古额济纳旗利用红色文化资源教育党员干部

近年来，内蒙古自治区额济纳旗在党员理想信念教育中，充分利用当地丰富的红色文化资源打造党性教育基地，通过课堂教学、实地考察等方式开展教育，提升广大党员干部的思想境界。图为该旗航天精神党性教育基地。

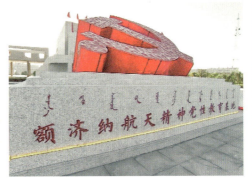

真诚奉献、不辞辛劳的志愿者，众志成城、守望相助的人民群众……这些战"疫"英雄，虽然各自的岗位有所不同，但他们的光辉形象带给我们一样的感动。他们以实际行动展现了中国力量和中国精神，彰显了中华民族和衷共济、风雨同舟的家国情怀，生动诠释了社会主义核心价值观的真谛。

作为一种社会意识，价值观是一定社会的经济、政治和文化等状况的集中反映，是人们认定事物、辨别是非的观念标准。在一个国家和社会的价值体系中，居于中心地位、起主导作用的就是核心价值观。它好比"定海针"，决定着文化的属性和特质；它好比"导航仪"，引领着文化建设的方向和路径。

任何一种文化要立起来、强起来，从根本上说，取决于其核心价值观的生命力和引领力。中华文化之所以独树一帜、源远流长，最根本的就在于我国古代核心价值观的维系和黏合。古人很早就提出了"礼义廉耻，国之四维"，后经历代儒家的吸收融合，逐步形成了以"三纲五常"为主要内容的价值体系，成为我国封建社会 2000 多年保持稳定的重要精神因素。

社会主义核心价值观是当代中国精神的集中体现，是社会主义先进文化的精髓。从国家层面的富强、民主、文明、和谐，到社会层面的自由、平等、公正、法治，再到个人层面的爱国、敬业、诚信、友善，都代表着中国特色社会主义的发展方向和光明前景，都是中华儿女在追梦圆梦路上矢志追求的价值目标。我们要按照党的十九届四中全会部署，牢牢坚持以社

知识链接

礼义廉耻，国之四维

"礼义廉耻，国之四维"出自《管子》一书，认为"礼、义、廉、耻"是国家大厦的四根精神支柱，其中一根断了大厦就会倾斜，两根断了就非常危险，三根断了就会倒塌，四根断了就彻底毁灭了。这个比喻告诉人们，厉行"礼、义、廉、耻"，关乎国家生死存亡，关乎社会长治久安。

三纲五常

"三纲五常"是我国古代封建社会最基本的道德准则，"三纲"即"君为臣纲、父为子纲、夫为妻纲"，"五常"即"仁、义、礼、智、信"。"三纲五常"为后世封建统治阶级所推崇，被用于教化天下、维护社会伦理秩序，成为我国封建社会的思想统治工具。

特别关注

核心价值观百场讲坛

"核心价值观百场讲坛"邀请专家学者和核心价值观的践行模范，广泛传播当代中国的价值观念和文化自信，推动社会主义核心价值观由认知认同转化为践履笃行，体现贯穿结合融入、落细落小落实的要求，取得良好效果和社会反响，成为社会主义核心价值观建设的重要品牌。图为"核心价值观百场讲坛"第100场走进首都图书馆。

会主义核心价值观引领文化建设制度，凝魂聚气、强基固本，更好构筑中国精神、中国价值、中国力量。

革命理想高于天。理想信念犹如"总开关"，是党和国家事业发展的力量源泉。在革命、建设和改革的各个时期，中国共产党人之所以有"砍头不要紧，只要主义真"的大义凛然，有"敢教日月换新天"的万丈豪情，有"逢山开路，遇水架桥"的无畏气魄，最根本的就在于有理想信念的感召和激励。在新时代，进行具有许多新的历史特点的伟大斗争，也必须靠理想信念凝聚起磅礴力量。筑牢信仰之基是在人的头脑中搞建设，需要日积月累、久久为功，推动理想信念教育常态化、制度化。

入法入规是关键。任何一种价值观要在全社会牢固确立，思想的教化固然重要，法律的规范也不可或缺。只有把社会主义核心价值观要求融入法律规范、贯穿法治实践，法律才能契合全体人民道德意愿、符合社会公序良俗，才能真正为人们所信仰、所遵守。近年来，党和国家先后下发《关于进一步把社会主义核心价值观融入法治建设的指导意见》《社会主义核心价值观融入法治建设立法修法规划》等文件，推动入法入规驶入快车道，力争经过5—10年时间，推动社会主义核心价值观全面融入中国特色社会主义法律体系，使全体人民通过"软要求"和"硬约束"，真正做到内化于心、外化于行。

诚信标尺立准则。诚实守信是公民道德的基本要求，是衡量一个社会文明程度的重要标准。我国自古以来就有讲诚信的传统，"徙木立信""一诺千金""一言既出，驷马难追"等典故耳熟能详，被传为崇德守信的美谈。推动诚信建设，既要靠道德的力量，更要靠制度的保障。近年来，我国以完善制度为抓手，着力构建诚信建设长效机制，健全覆盖全社会的征信体系，推动信用信息在全国范围内的互联互通，让守信者处处受益、失信者寸步难行，在全社会形成"守信光荣、失信可耻"的良好风尚。自2013年开始，我国实行失信被执行人名单信息公布制度，"老赖"们不仅在街头大屏上被曝光，还被限制乘坐高铁和飞机、住星级酒店等消费，成为背信弃约的反面典型。

三 舆论引导聚共识

疫情凶猛肆虐，牵动着亿万国人的心。在抗击新冠肺炎疫情的斗争中，央视《新闻1+1》节目屡上热搜，成为疫情舆论正面引导的"流量大咖"。从连线钟南山院士发布人传人预警到采访武汉主要领导公开救治情况，从关注疫情数字变化到分析每日疫情形势，从聚焦无症状感染者到跟踪海外疫情动态……这档节目直击事件真相、回应群众关切，在疫情舆论引导中发挥了积极作用。

2020年1月20日央视《新闻1+1》连线钟南山院士

国务院新闻办新闻发布会通报疫情防控工作

在整个战"疫"过程中，各级各类媒体勇于担当、主动作为，深入宣传中央重大决策部署，准确发布疫情信息，生动报道抗疫一线感人事迹，广泛普及疫情防护知识，及时回应社会关切，讲好中国抗疫故事……网上网下同频共振、国内国际相互贯通、大事小事统筹兼顾，有效发挥了强信心、暖人心、聚民心的作用，为打赢疫情防控阻击战营造了良好的舆论环境。

新闻舆论历来是影响社会发展的重要力量。好的舆论可以成为发展的"推进器"、民意的"晴雨表"、社会的"黏合剂"、道德的"风向标",不好的舆论可以成为民众的"迷魂汤"、社会的"分离器"、杀人的"软刀子"、动乱的"催化剂"。做好党的新闻舆论工作,事关旗帜和道路,事关贯彻落实党的理论和路线方针政策,事关顺利推进党和国家各项事业,事关全党全国各族人民凝聚力和向心力,事关党和国家前途命运。

在信息技术日新月异的当今时代,网络和数字技术裂变式发展,加速重构媒体格局和舆论生态,推动传播形态持续演变,新载体、新渠道、新应用、新平台不断涌现,对新闻舆论工作提出了新的挑战。目前,我国网民规模已达到 9.04 亿,手机网民规模达到 8.97 亿,微信月活用户超 11 亿,抖音、快手日活用户分别超过 4 亿、3 亿。为适应新形势新技术的发展变化,必须着力创新新闻舆论工作的各项制度,完善坚持正确

🎤 **权威声音** ◀

新闻舆论与政权安危休戚相关

俞文:当前,我们正处于实现中华民族伟大复兴的关键时期,一些反华势力把中国的发展壮大视作威胁,加紧对我国进行围堵、遏制和渗透,极力同我们争夺舆论阵地、争夺人心。可以说,新闻舆论工作处在意识形态斗争最前沿,能否打赢新闻舆论争夺战,直接关系国家政权安全和政治安全。

特别关注

县级融媒体中心

县级融媒体中心，就是整合县级广播电视、报刊、新媒体等资源，融合成一个包括媒体服务、党建服务、政务服务、公共服务、增值服务等业务在内的综合媒体平台。2018

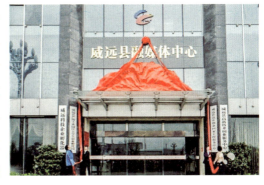

年在全国先行启动600个县级融媒体中心建设，目前已基本实现全覆盖。图为四川省威远县融媒体中心揭牌仪式。

导向的舆论引导工作机制，为进一步壮大主流思想舆论、坚持"两个巩固"根本任务提供有力支撑。

把好党性原则"定盘星"。党管宣传、党管媒体，是马克思主义新闻观的基本原则。任何媒体都要表达立场、传递思想、影响人心，都具有意识形态属性。我国是中国共产党领导的社会主义国家，无论时代如何发展、媒体格局如何变化，党性这条铁的原则绝不能变。舆论工具一旦不掌握在党和人民手中，就不会按照党和人民的意志和利益进行舆论导向，其危害和祸乱难以想象。西方媒体都掌握在垄断资本集团手里，受资本的操控，不可能成为客观公正的"社会公器"。我们党和政府主办的媒体必须姓党，紧紧抓在党的手中，成为党和人民的喉舌。所有的党媒都要坚持党性和人民性的统一，充分体现党的意志、反映党的主张，把党的声音传得更开、传得更远、传得更深入。

构建网上网下"同心圆"。媒体融合是贯通网上网下舆论场的重要途径。近年来，各主要媒体纷纷抢滩互联网阵地，"移动优先"成为共识，"中心厨房"深受好评，"传播矩阵"日益壮大，"爆款产品"屡屡刷屏……从"相加"到"相融"，传统媒体和新兴媒体逐步融为一体、合而为一。特别是打造了"学习强国"学习平台，用户数超过1.81亿，每日浏览量达8.3亿次，深刻改变了网上舆论生态。如何使互联网这个最

 特别关注 ◄

"学习强国"学习平台

"学习强国"学习平台是强化理论武装工作、推动全党大学习的重要抓手，2019年1月1日在全国上线，由PC端和手机客户端组成。PC端有17个板块、180多个一级栏目，手机客户端有38个频道，聚合了大量免费的图文、音频和视频学习资源，已成为学习宣传贯彻习近平新时代中国特色社会主义思想最权威、最全面的综合信息平台。

在线答疑◂

问：什么是"两个所有"？

答："两个所有"是把党管媒体原则贯彻到新媒体领域的重要原则，即所有从事新闻信息服务、具有媒体属性和舆论动员功能的传播平台都要被纳入管理范围，所有新闻信息服务和相关业务从业人员都要实行准入管理，做到新闻舆论阵地延伸到哪里，党管媒体的原则和制度就落实到哪里，确保各级各类媒体都置于党的领导之下。

大变量成为事业发展的最大增量，最重要的是提高用网治网水平，全面落实"两个所有"要求，决不允许有两个标准、"两个舆论场"，决不允许存在"新闻特区""舆论飞地"。

占据舆论斗争"制高点"。毛泽东同志曾说："纤笔一枝谁与似？三千毛瑟精兵。"开展舆论斗争，对于掌握舆论引导工作的领导权和主动权具有重要意义。面对现在的国际舆论格局，认怂就会语塞，失语就要挨骂，要敢于斗争、善于斗争，在气势上和道义上压倒敌人。在新冠肺炎疫情期间，某些国家对中国"污名化"，极力"甩锅"本国抗疫不力的责任，拿中国当"替罪羊"。我们旗帜鲜明地开展舆论斗争，有理有据地进行批驳，揭穿他们的谎言，让世人看到其卑劣行径和丑恶嘴脸。

四 文化兴盛润心田

2019 年，浙江嘉兴图书馆火了。它只有 158 名员工，一年内开展了 5000 场活动，平均每天有 13 场活动，到馆人次超过 400 万，创造了令人惊叹的文化现象，成为地方图书馆的"顶流"。近年来，嘉兴图书馆积极探索服务新模式，建立"城乡一体化总分馆制"，积极创新活动内容和形式，让拥有百年历史的老馆焕发出新活力，成为嘉兴人的文化家园，为全国公共文化服务体系打造了一张亮丽名片。

"嘉兴图书馆现象"是我国文化繁荣发展的一个缩影。党的十九大以来，我国在基本公共文化服务均等化方面取得显著成效，公共文化服务设施不断完善。截至 2019 年年底，全国共有公共图书馆 3196 个、博物馆 5132 个，其中不少场馆很受欢迎，节假日甚至"一票难求"。文化产业快速发展，文化市场日趋繁荣。目前我国电视剧和图书年产量高居世界第一，电影年产量世界第二。

浙江省嘉兴图书馆举行科普活动

浙江省嘉兴汽车图书馆送书到社区

特别关注

新时代文明实践中心

新时代文明实践中心，着眼于凝聚群众、引导群众，以文化人、成风化俗，以县、乡镇（街道）、行政村（社区）三级为单元，以志愿服务为基本形式，打通城乡公共文化服务体系的运行机制、文化科技卫生"三下乡"的工作机制、群众性精神文明创建活动的引导机制，调动各方力量，整合各种资源，创新方式方法，动员和激励广大农村群众积极投身社会主义现代化建设。图为安徽省休宁县新时代文明实践中心组织群众社团开展民乐演奏活动。

但也要看到，当前我国文化建设还存在不平衡不充分的问题，与我国在世界上的大国地位还不相称，与人民群众日益增长的美好精神文化生活需要还有一定的差距。随着人民物质生活水平的不断提高，人们的精神文化需求也越来越旺盛，越来越多的人希望拥有更加丰富、更高品质的文化生活。过去是"有没有"的问题，现在是"好不好"的问题，文化建设也需要推动高质量发展。党的十九届四中全会顺应时代发展的要求和人民群众的期待，提出要健全人民文化权益保障制度以及建立健全把社会效益放在首位、社会效益和经济效益相统一的文化创作生产体制机制，从制度层面为加快文化事业和文化产业发展提供顶层设计和政策依据。

文化创作出精品。从《哪吒之魔童降世》到《我和我的祖国》，从《小欢喜》到《庆余年》，从知识付费到网络春晚，从故宫国潮到敦煌文创……这几年来，我国文化创作产品亮点迭出、精彩纷呈，让人们尽享文化饕餮盛宴。文化产品是反映时代精神的载体，文化创作有着广阔的舞台。推动文化的繁荣兴盛，最根本的是要坚持以人民为中心的工作导向，完善文化产品创作生产传播的引导激励机制，植根火热生活，书写蓬勃实践，反映人民心声，推出更多有筋骨、有道德、有温度的文艺作品，彰显我们这个伟大时代的精神之美。

 特别关注 ◄

农村广播大喇叭疫情防控宣传显神威

广播"村村响"是基层公共文化服务的重要内容，在农村地区政策宣传、科学普及、法治教育、文化生活等方面发挥了重要作用。这次疫情期间，农村广播大喇叭用接地气的"喊话"，有的甚至以快板、"三字经"、三句半等喜闻乐见的形式，广泛普及疫情防控知识，成为加强农村疫情防控的"硬核"力量。

特别关注

北京实体书店试水图书外卖

2020 年 3 月起，包括 Page One、北京图书大厦、钟书阁等在内的北京 105 家实体书店转战美团外卖平台，人们可以像点餐一样，享受最快 30 分钟图书送达服务。图为仓储员打包配送图书。

　　文化服务有保障。保障人民文化权益，是中国特色社会主义的题中应有之义，是党和政府的一项重要职责。近年来，我国大力发展公益性文化事业，深入推进公共数字文化工程、广播电视村村通、绿色电脑进西部、农村电影放映、农家书屋等重点文化惠民项目，已经实现县有文化馆和图书馆、乡镇有综合文化站、行政村有文化活动室的目标，基本解决了落后地区群众看戏难、看电影难和收听收看广播电视难的问题。这次全会首次提出健全人民文化权益保障制度，目的就是让公共文化服务进一步制度化，更好确保人民群众共享文化发展成果。

　　文化产业双丰收。文化产品是一种特殊商品，除具有一般商品的属性之外，还具有意识形态属性，承载着价值取向和道德判断。一部优秀的影视作品能给人以启迪，一场精彩的舞台

特别关注

第33届北京图书订货会举行

2020年1月9—11日，第33届北京图书订货会在中国国际展览中心举行，参展图书近40万种，参展单位达768家，举办200余场文化活动，吸引9.6万人前来参观、选购图书。图为订货会开幕当天人山人海的热闹景象。

艺术节目能给人以震撼，一首美好的歌曲能给人以鼓舞，一本动人的小说能给人以力量。《渴望》《外来妹》《平凡的世界》等众多深入人心的作品，影响和激励了无数人，成为反映时代精神和社会风貌的鲜活写照。好的文化产品，应该是把社会效益放在首位，同时做到社会效益和经济效益相统一，要经得起市场的检验，更要经得起历史和人民的考验。这次全会对文化产业发展作出重要制度安排，建立健全把社会效益放在首位、社会效益和经济效益相统一的文化创作生产体制机制，更好保障文化产业发展的正确方向，助力推出更多高质量文化产品。

大风泱泱，大潮滂滂。文明圣火千古未绝，文明长河奔流不息。背倚5000年中华文明的深厚积淀，乘着新时代制度创新的浩荡东风，社会主义先进文化一定能够书写新的发展篇章，迎来文化建设的新高潮，让中华文化放射出更加璀璨的光彩。

深度阅读 ◀

1. 习近平：《坚定文化自信，建设社会主义文化强国》，《求是》2019年第12期。

2.《新时代爱国主义教育实施纲要》，人民出版社2019年版。

3.《新时代公民道德建设实施纲要》，人民出版社2019年版。

扫一扫

9

惟愿苍生俱饱暖

——民生保障制度如何惠及全体人民？

　　"小康"是中华民族几千年来孜孜以求的社会理想，表达了人们对美好生活的向往和憧憬。我们党用"小康"来诠释"中国式现代化"，领导人民实现了从贫困落后到繁荣富强的划时代跨越。当历史的指针划向 21 世纪第 20 个年头，中国全面建成惠及 14 亿多人的小康社会，第一个百年奋斗目标即将成功实现。这是中华民族史、人类社会进步史上新的里程碑，是中国特色社会主义民生保障制度的伟大胜利。

民生乃幸福之基、和谐之本。让老百姓过上好日子，是我们党矢志不渝的奋斗目标，是社会主义制度区别于一切旧制度的重要特征。党的十九届四中全会顺应人民对美好生活的新向往，提出坚持和完善统筹城乡的民生保障制度，为在更高水平上增强人民群众的获得感和幸福感提供重要保证。

一 民生保障的"中国智慧"

新中国成立初期，国家百废待兴、一贫如洗，人民生活困苦不堪，挣扎在饥寒交迫的生存线上。我国民生保障制度在零基础上起步，从小到大，从城镇到农村，从特定人群到全面覆盖，一步一步发展到今天，编织起一张世界上最大的民生保障网。经过几十年时间，中国基本解决了占世界1/5人口的民生保障问题，这在发展中国家是绝无仅有的，即使在发达国家也是难以想象的，创造了世界社会保障发展史上的罕见奇迹。

从我国民生保障水平的历史性跨越中，我们可以切身地

健康成长的青少年学生

安享晚年的老人

幸福美满的四口之家

感受到这一点。1949—2019 年，我国人均预期寿命从 35 岁到 77.3 岁，教育程度从 80% 以上的文盲率到劳动年龄人口平均受教育年限 10.7 年，城镇人均住房建筑面积从 8.3 平方米到 39 平方米……我国民生保障水平不断提升，亿万中国人正享受着从未有过的幸福生活。

"一枝一叶总关情。"我们党和政府所做的一切，都是为了让人民过上富裕幸福的生活。但目前我国总体上还是发展中国家，人口基数大，一个再大的总量除以 14 亿多都会变成一个小数目，城乡、区域发展不平衡的鸿沟依然存在，解决民生问题有着非常现实的制约因素。中国立足自身国情，秉持以人民为中心的发展思想，充分吸取国外社会保障制度的经验教训，把民生改善需求和我国发展阶段结合起来，形成了一套切实可

权威声音

尽力而为、量力而行是坚持和完善民生保障制度的重大原则

张纪南（人力资源和社会保障部党组书记、部长）：坚持和完善民生保障制度，必须在发展中保障和改善民生，在"做大蛋糕"的基础上努力"分好蛋糕"，从那些现实条件下可以做到的事情做起，不做超越发展阶段和财力水平的事情，既不裹足不前、铢施两较，也不好高骛远、寅吃卯粮，一件事情接着一件事情办、一年接着一年干，锲而不舍推进民生保障的可持续发展。

特别关注

重庆九龙坡棚户区改造敲开"幸福之门"

近年来，重庆市九龙坡区将城市棚户区改造作为重点民生实事强力推进，让更多居民有机会筑梦幸福之家。图为该区新改造完成的居民小区。

行、行之有效的民生保障制度。

既尽力而为又量力而行。经济发展与民生改善如同硬币的两面，在任何时候，民生保障都必须以经济发展为条件，经济发展都必须以民生保障为目的，两者相辅相成、不可偏废。在我国民生保障的实践中，我们科学把握民生和发展相互牵动、相互促进的关系，实现经济发展与民生改善的良性循环。一方面做到尽力而为，抓住人民最关心最直接最现实的利益问题，一件接着一件办，最大程度增进民生福祉；另一方面做到量力而行，坚持从实际出发，依据经济发展和财力状况，循序渐进提高民生水平，避免出现一些国家过度福利化造成的恶果。

既全面普惠又兜住底线。社会主义条件下的民生保障制度，是惠及全体人民的制度安排。经过长期努力，我国建成了包括养老、医疗、教育、住房等在内的世界最大的社会保障

 **知识链接**

两不愁三保障

"两不愁三保障"是贫困人口脱贫的基本要求和核心指标，到 2020 年脱贫攻坚稳定实现现行标准下农村贫困人口"两不愁三保障"。"两不愁"即不愁吃、不愁穿，"三保障"即义务教育、基本医疗、住房安全有保障。

网，基本养老保险覆盖 9.67 亿人，基本医疗保险覆盖 13.5 亿多人，义务教育入学率接近 100%，基本实现了应保尽保。同时，我国把对特殊困难人群的帮扶和救助作为重点，做好城市特困群体的最低生活保障工作，打响农村贫困人口脱贫攻坚战，稳步实现"两不愁三保障"，兜住民生安全网的网底。

既通盘谋划又因地制宜。我国地域广阔，人口基数大，各地经济社会发展状况不尽相同。无论是养老保险还是医疗保障，无论是最低生活保障标准还是特困人员救助供养，无论是实行免费义务教育还是建立住房公积金制度，都注重加强顶层设计和统筹兼顾。同时，各地可在落实好国家统一要求的基础上，制定符合本地实际的相应政策。比如 2019 年，北京人均 GDP 为 164220 元、最低生活保障标准为家庭月人均 1100 元，甘肃人均 GDP 为 32995 元、城市低保指导标准为月人均 524 元。

既政府主导又多方参与。"天地之大，黎元为先。"在社会主义中国，无论什么时候，无论什么情况下，解决民生问题、补齐民生短板,都必须发挥党和政府的主导作用。近些年来,随着我国经济实力的大幅提升,我们实施更多"硬核"政策改善民生,拿出更多的财政资金用于提高保障水平,让改革发展成果更多更公平惠及全体人民。同时,注重动员社会各方面的力量,鼓励各类企业、社会组织、个人积极参与民生事业,满足人民群众多层次多样化的需求。

这些改善民生的有效做法,是我国在长期实践和借鉴比较中总结出的宝贵经验,是一个社会主义发展中大国解决民生问题的独特创造。它所蕴含的科学方法和取得的巨大成就,显示出我国民生保障制度的优越性,越来越为世人所瞩目和认可。

二 扶贫减贫的"中国奇迹"

贫困是社会发展的最大短板,扶贫减贫是补齐民生保障短板的重要途径。看一个国家的民生保障网是否牢固严密,一个关键指标就是看贫困发生率的高低,看扶贫托底的力度和成效。我国民生保障水平的不断提高,与坚持不懈地扶贫减贫是分不开的。

新中国成立特别是改革开放以来,我们党带领人民持续向贫困宣战,实施大规模扶贫开发行动,使贫困人口大幅减少,贫困群众生活水平显著提高,贫困地区面貌发生根本变化。党的十八大以来,我国坚决打响脱贫攻坚战,持续加大扶贫投入，不断攻克贫困堡垒，到 2020 年年底将历史性地解决绝对贫困问题。我国成为世界上减贫人口最多的国家，也是世界上率先完成联合国千年发展目标的国家。这个成就，足以在中华民族发展史上写下浓墨重彩的一笔，足以载入人类社会发展史册。

回顾新中国 70 多年扶贫开发历程，我们在经济发展和扶贫减贫的良性互动中，成功走出了一条中国特色扶贫开发道路。鉴于我国在扶贫减贫方面取得的巨大成就，第 73 届联合国大会通过决议，以中国扶贫减贫实践为基础，构建了消除农村贫困问题基本政策框架，提出了落实 2030 年可持续发展议程的新思路。联合国秘书长古特雷斯表示，精准扶贫方略是帮助贫困人口、实现 2030 年可持续发展议程设定的宏伟目标的唯一途径，中国的经验可以为其他发展中国家提供有益借鉴。

 知识链接

联合国千年发展目标

联合国千年发展目标，是 2000 年 9 月联合国千年首脑会议上商定的行动计划。该计划致力于将全球贫困水平于 2015 年前降至一半（按 1990 年水平计算），旨在消灭极端贫穷和饥饿、降低儿童死亡率、普及小学教育、促进男女平等并赋予妇女权利、改善孕产妇保健、与艾滋病和疟疾等疾病作斗争、确保环境的可持续能力、全球合作促进发展等。经过各国的努力，该目标已于 2015 年圆满达成。

特别关注 ◀

云南9个"直过民族"和人口较少民族实现整族脱贫

2015年以来，云南省现行标准下的农村贫困人口累计脱贫600多万人，年均减贫120万人以上，贫困发生率从2014年年底的17.09%下降到2019

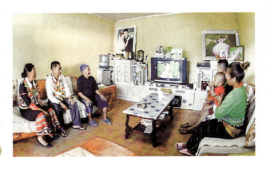

年年底的1.32%。除怒族、傈僳族外，独龙族、基诺族、德昂族、阿昌族、布朗族、普米族、景颇族、佤族、拉祜族9个"直过民族"和人口较少民族实现整族脱贫，全省"直过民族"和人口较少民族贫困发生率降至2.41%。图为云南省德宏傣族景颇族自治州芒市德昂族群众喜迁新居。

为什么世界如此看重中国？归根结底，就是因为中国在扶贫减贫上交出了一份冠绝全球的成绩单。

体量之大独一无二。改革开放以来，按照世界银行每人每天1.9美元的国际贫困标准，我国已有8亿多贫困人口实现脱贫，占同期全球减贫人口的70%以上，超过欧洲44个国家的人口总和。党的十八大以来，党带领人民实施精准扶贫战略，连续7年每年减贫规模都在1000万人以上，农村贫困人口减少了9000多万，脱贫攻坚完成后将有1亿左右人口脱贫、832个贫困县全部摘帽，区域性整体贫困得到解决。可以说，这种大体量的脱贫规模，不仅我国历史上前所未见，别的国家也没

特别关注

四川昭觉"悬崖村"村民告别"天梯"过上新生活

　　2020年5月12日，四川省昭觉县支尔莫乡阿土列尔村迎来"大喜日子"，84户精准扶贫户通过易地扶贫搬迁，搬进了县城带有楼梯的新房。这个广为人知的"悬崖村"，一直以来，村民进出都要沿着悬崖绝壁攀爬800米的"天梯"，危险性极大。如今在党和政府的关怀下，"悬崖村"村民走出大山，乔迁新居，过上了城里人的新生活。左图为该村村民攀爬"天梯"回家，右图为村民搬入新居。

有出现过，创造了世界减贫史上的伟大奇迹。

　　进程之快前所未有。从人类发展史来看，大规模的减贫往往伴随着工业化现代化的进程。西方发达国家的工业化进行了几百年，摆脱大规模的贫困也花了几百年时间，至今仍没有完全消除绝对贫困。而我国在短短几十年间，通过快速的现代化进程，依靠党和政府强力推进脱贫攻坚，走完了西方发达国家几百年的脱贫历程，人民生活即将实现从贫穷到温饱再到全面小康的历史性跨越。

质量之高有目共睹。质量是脱贫的生命，没有质量的脱贫就是假脱贫、被脱贫。在我国这场脱贫攻坚战中，对脱贫质量的要求和措施贯穿始终。在扶贫思路上，改变过去"大水漫灌"的做法，采取精准扶贫，真正做到底数清、目标准、效果佳；在扶贫手段上，把资金扶贫与产业扶贫、教育扶贫、文化扶贫等结合起来，变纯粹"输血"为重在"造血"；在扶贫质量保障上，严格脱贫标准和程序，加强常态化督促指导，确保脱真贫、真脱贫；在巩固扶贫成果上，建立解决相对贫困的长效机制，防止摘帽人口再返贫。通过扎扎实实的脱贫攻坚，贫困地区基本生产生活条件明显改善，贫困群众收入水平大幅提高，"两不愁"质量水平明显提升，"三保障"突出问题总体解

 特别关注 ◄

新疆在戈壁大漠挥写"脱贫答卷"

新疆维吾尔自治区以喀什、和田、阿克苏、克孜勒苏柯尔克孜南疆四地州为主战场，把发展产业作为稳定脱贫的主要途径，千方百计拓宽贫困人口就业渠道，紧盯2020年实现剩余16.5万贫困人口脱贫、560个贫困村退出、10个贫困县摘帽的目标，在天山南北吹响夺取最后胜利的冲锋号。图为新疆维吾尔自治区和田县一家专业合作社的农民在分拣核桃。

特别关注

广西环江毛南族摆脱贫困过上小康生活

2020年5月，广西壮族自治区环江毛南族自治县退出贫困县序列，综合全国毛南族脱贫情况，毛南族已实现整族脱贫。毛南族是我国28个人口较少民族之一，全国约70%毛南族人口居住在环江县。习近平总书记对毛南族实现整族脱贫作出重要指示，希望乡亲们把脱贫作为奔向更加美好生活的新起点，再接再厉，继续奋斗，让日子越过越红火。图为当地毛南族乡亲推介特色农产品。

决。这些实实在在的成效，贫困群众感受最明显，也是脱贫攻坚经得起历史和人民检验的最鲜活体现。

制度之优充分彰显。我国脱贫攻坚之所以能取得前所未有的成就，根本就在于中国共产党领导和中国特色社会主义制度优越性。我们有党的坚强领导，通过制定科学有效的路线方针政策，确保扶贫脱贫工作始终沿着正确方向前进；我们有系统完备、科学规范、运行有效的工作体系，坚持中央统筹、省负总责、市县抓落实的管理体制，层层压实责任，确保各项任务落实落地；我们有集中力量办大事的组织动员能力，最大限度地调动社会各方面力量向贫困宣战。据统计，党的十八大以来，共有 25.5 万个驻村工作队、290 多万名县级以上党政机关和国有企事业单位干部战斗在扶贫一线，带领群众攻破一个个贫困堡垒，筑起一道道防返贫堤坝，书写了新时代最动人的脱贫故事。

现在，脱贫攻坚已经到了最后冲刺阶段，满打满算也就半年时间，一晃就过去了。"其作始也简，其将毕也必巨。"越到最后越要咬紧牙关，不能有丝毫松劲懈怠，不能有半点麻痹大意。必须以不获全胜决不收兵的顽强意志、一鼓作气乘势而上的奋勇姿态，克服新冠肺炎疫情影响，夺取脱贫攻坚战全面胜利，坚决完成这项对中华民族、对人类都具有重大意义的历史伟业。

三　增进福祉的"中国方案"

农村卫生厕所普及率超过 60%，城镇新增就业人口 1352 万，社保卡持卡人数超 13 亿，完成普惠幼儿园整改 1.7 万所，个人所得税起征点提高了，老百姓常用的许多药品降价了，网络提速降费使刷屏更快了……2019 年推出的这一个个民生"大礼包"，进一步增强了老百姓的获得感，反映了我们党为提升人民生活质量所作的不懈努力。

民生改善没有终点，只有连续不断的起点。党的十九届四中全会立足满足人民群众对美好生活的更高期待，抓住同老百姓切身利益密切相关的痛点难点问题，坚持和完善各项民生保障制度，进一步健全国家基本公共服务制度体系，让经济社会发展的红利为全体人民共享。

健全就业促进机制。就业关系亿万人民的饭碗，是天大的事。当前和今后一个时期，我国就业总量压力依然存在，结构性矛盾日益突出，新的影响因素不断增加。2020年我国城镇新增就业人口将超过1400万，应届高校毕业生有874万，达到近年来的一个峰值。尤其是受到新冠肺炎疫情的冲击，部分企业生产经营困难，就业形势更加严峻。实现更充分更高质量的就业，必须大力实施就业优先政策，特别是要完善重点群体就业支持体系，加大对高校毕业生、贫困劳动者、去产能职工的就业帮扶力度，做好进城务工人员的就业指导服务工作，让这一民生之本扎得更深、立得更稳。

 特别关注 ◀

湖南澧县家门口"点对点"招工

为帮助贫困户早日就业，助力脱贫攻坚，2020年3月，湖南省澧县举行"点对点"专场招聘活动，让用工企业与贫困人口劳动力现场接洽。图为应聘人员填写《招工登记表》。

构建全民教育体系。百年大计，教育为本。教育乃民生之基，教育制度安排牵动着千家万户。目前，我国教育发展还不平衡不充分，"有学上"已经实现，"上好学"的问题仍然亟待解决，教育公平和质量与人民群众的期望还有一定差距。全会提出了坚持和完善教育制度的总体目标，即构建服务全民终身学习的教育体系。实现这一总体目标，就是要办好人民满意的教育，推动城乡义务教育一体化发展，健全学前教育、特殊教育和普及高中阶段教育保障机制，完善职业技术教育、高等教育、继续教育统筹协调发展机制。同时，着力建设学习型社会，发挥网络教育和人工智能优势，创新教育和学习方式，加快发展面向每个人、适合每个人的更加开放灵活的教育体系。

完善社会保障体系。社会保障是民生"安全网"、社会"稳定器"、发展"调节阀"。近些年来，我国社会保障事业快

 云热评

- 再小的事乘以 14 亿也是个天大的事，再大的基数除以 14 亿也会变得很小。
- 民生连着百姓心，百姓有所呼，党和政府有所应。
- 小康不小康，关键看老乡；全面不全面，根本在底线。
- 迈入小康圆梦千年愿景，脱贫攻坚造福亿万人民。
- 一件接着一件干，一步接着一步走，理想生活都会有。
- 好日子不会从天而降，幸福生活正在向你招手，奋斗创造精彩人生。

速发展，但社会保障制度的质量和可持续性还有待提高。全会提出完善覆盖全民的社会保障体系，强调要把更多的群众纳入保障范围，实施全民基本养老参保计划，全面建成统一的城乡居民医保制度和大病保险制度，努力做到法定人员全覆盖。此外，全会还在加快落实社保转移接续和异地就医结算制度、构建多层次社会保障体系以及加快建立多主体供给、多渠道保障、租购并举的住房制度等方面，提出一系列具体要求，为建立更高水平的社会保障制度指明了方向。

强化健康中国保障。人民的健康水平，是一个现代国家发展状况的"晴雨表"。随着我国人民物质生活水平的显著改善，人们对自身健康的关注和追求越来越强烈。新冠肺炎疫情就是对我国公共卫生体系的一次检验，其中也暴露出不少问题和短板，亟待加以解决和完善。习近平总书记指出："没有全民健康，就没有全面小康。"全会提出强化提高人民健康水平的制度保障，对完善国民健康政策、深化医药卫生体制改革、优化生育政策等方面，作出了明确具体的部署，为建设健康中国提供了全方位的制度支撑。

人民健康至上

"民亦劳止，汔可小康；惠此中国，以绥四方。"全面小康，这个纵贯千年的美好理想、激荡百年的奋斗目标，如一轮朝日已见东方既白，喷薄欲出。中国人民从来没有像今天一样，稳稳地享受殷实丰裕的民生福祉，尽情地沐浴幸福生活的灿烂阳光。

深度阅读

1.习近平：《在决战决胜脱贫攻坚座谈会上的讲话》，人民出版社 2020 年版。

2.《习近平主持专家学者座谈会强调 构建起强大的公共卫生体系 为维护人民健康提供有力保障》，《人民日报》2020 年 6 月 3 日。

扫一扫

微视频

10

同心共筑平安梦

——共建共治共享的社会治理制度如何搭建？

黑恶势力犹如毒瘤，极大危害社会和谐稳定，严重侵蚀人民群众的安全感。从 2018 年 1 月开始，一场为期 3 年的扫黑除恶专项斗争席卷全国，以雷霆手段、千钧之力发起强大攻势，有黑必扫、除恶务尽，让黑恶势力无处遁形。截至 2020 年 4 月底，全国共依法打掉涉黑组织 3120 个、涉恶犯罪集团 9888 个，依法查处了孙小果案、"操场埋尸案"等一批疑难复杂大要案件，狠狠打击了黑恶势力，为民除害、大快人心。扫黑除恶专项斗争就像浩瀚东风涤荡污浊，扫出了朗朗乾坤、盈盈正气，为新时代加强社会治理、促进社会和谐稳定清除了绊脚石。

社会治理的成效，关乎人民安居乐业，关乎社会安定有序。共建共治共享的社会治理制度，是我们党在长期探索中形成的，是被实践证明符合中国国情、符合人民意愿、符合社会治理规律的科学制度，是党的十九届四中全会提出要着力坚持和完善的重要制度之一。只有深刻领会贯彻这一制度的基本要义和重点任务，才能形成社会治理的新思路新格局，建设人人有责、人人尽责、人人享有的社会治理共同体，建设更高水平的平安中国。

 矛盾化解新思路

枫桥，是一座桥，一座连接党心民心的同心桥，一座通向和谐安宁的平安桥；枫桥，不仅是一座桥，更是一座新中国基层治理的丰碑。几十年来，从"发动和依靠群众，坚持矛盾不上交，就地解决"到"矛盾不上交、平安不出事、服务不缺位"，浙江省诸暨市枫桥镇"枫桥经验"在传承中发展，在发展中创新，由基层治理的"金字招牌"上升为新时代社会治理的"制胜宝典"，为正确处理新形势下人民

浙江省诸暨市枫桥镇成为基层治理的典范

权威声音

国家治理的每个领域都涉及
正确处理人民内部矛盾的问题

陈一新（中共中央政法委员会秘书长）：完善正确处理新形势下人民内部矛盾有效机制，不仅是完善社会治理制度的重点内容，而且关系到国家治理其他领域制度机制的完善；不仅是提高社会治理能力的重要保障，而且是提高国家治理能力的具体要求。只有不断完善正确处理新形势下人民内部矛盾有效机制，进一步提高党和政府在政治沟通、利益协调、社会整合等方面的能力，才能更好把我国制度优势转化为治理效能，助推国家治理体系和治理能力现代化。

内部矛盾提供了宝贵经验。

人类社会是在矛盾运动中不断向前发展的，矛盾无处不在、无时不有，指望没有矛盾是不现实的。在社会生活中，存在着各种各样的矛盾，按其性质不同，可分为对抗性矛盾和非对抗性矛盾两种类型。人民内部矛盾，相对于对抗性的敌我矛盾而言，具有非对抗性，是人民利益根本一致基础上的矛盾，可以通过正确的方法加以调和解决。

1957年，毛泽东同志发表《关于正确处理人民内部矛盾的问题》，第一次系统阐述了这一重大问题，为正确处理社会主义条件下的人民内部矛盾指明了方向。改革开放特别是新时代以来，经济社会发生深刻变革，带来利益格局的深刻调整，人民内部矛盾出现了许多新情况新问题。一是高发性。我国已进入人均 GDP 8000 美元至 1.2 万美元的发展阶段，根据一些国家的经验，这一时期是社会矛盾的凸显期和易发期，不同群体利益分化和冲突呈加剧趋势。二是多样性。随着人们对民主、法治、公平、正义、安全、环境等方面的要求日益提高，人民内部矛盾不仅表现为物质利益的经济纷争，还体现在政治、文化、社会、生态等方面，涉及经济社会多个领域。三是扩张性。在信息高度发达的当今社会，一些看似平凡的小事被网络发酵放大，极易引发大范围的情绪对立和社会撕裂。这些问题是在发展过程中出现的，需要适应时代发展要求和人民更好期待，努力加以解决。

特别关注 ◀

上海奉贤积极探索"宅基信访"新经验

近年来，上海市奉贤区积极探索"宅基信访"的新做法，变"上访"为"下访"，变"接访"为"走访"，把信访工作点设到农村的宅基头，在与村民的闲聊中，觉察基层矛盾的苗头，从而做到防患于未然。图为该区信访代理员在"宅基信访"工作点接待村民。

党的十九届四中全会深刻把握新时代人民内部矛盾的特点和规律，从保持社会稳定、维护国家安全的战略高度，提出了完善正确处理新形势下人民内部矛盾的有效机制，为从源头上、根本上预防和化解人民内部矛盾提供了方法论指导。

关口前移，矛盾不上交。"枫桥经验"的一个突出特点，就是"小事不出村、大事不出镇"，最大限度地把矛盾风险防范化解在基层。从现实情况看，有的地方和单位"后知后觉"，对苗头性问题不敏感，出现了矛盾也办法不多、处置不当，要么"捂盖子"，要么"撂挑子"，最后"小事拖大、大事拖炸"。要避免这种情况，最重要的就是要关口前移，切实把好"源头关""监测关""管控关""责任关"，做到前置防线、前瞻治理、前端控制、前期处置，完善重大决策社会稳定风险评估

🔍 特别关注 ◀

福建福清"村民说事评理会"让干部群众面对面

福建省福清市通过召开"村民说事评理会"，让纪委监委、镇村干部与村民面对面，就村民反映的焦点、热点、难点问题展开对话交流，畅通群众诉求渠道，努力将矛盾化解在基层。图为该市村民在说事评理会上发表意见。

机制，加快监测预警体系建设，健全整体防控体系，严格落实领导责任、属地责任和监管责任，确保守土有责、守土负责、守土尽责。

联调联动，矛盾共化解。现代医疗卫生制度的一个重要特点，就是根据病人的不同情况，实施分类分流的诊疗。化解矛盾纠纷就好像看病一样，也必须把人民调解、行政调解、司法调解有机统一起来，形成科学分流、效力对接的"三调"联动机制，确保其精确性和有效性。同时，完善资源整合的制度机制，促成司法机关、行政机关、企事业单位、社会组织等多主体联合开展调解，重点化解跨地域、跨行业、跨部门重大疑难复杂纠纷，形成解决矛盾问题的强大合力。

疏解引导，矛盾少产生。古人语，良医治未病。化解矛盾重在预防矛盾。当前，随着我国社会快速转型，一些人心理波动不断加大，焦虑、急躁、冷漠和偏激等负面情绪日益

 云热评

▶ 多接几次"烫手的山芋"，多当几回"热锅上的蚂蚁"，就能多解几个"老百姓心中的疙瘩"。

▶ 用"小网格"撬动"大治理"，用"微循环"畅通"主通道"，用"绣花针"织就"平安图"。

▶ 科技创新如虎添翼，群众参与网罗密布，使新时代社会治安防控威力无穷。

▶ 公共安全无小事，居安思危时时有，防微杜渐要先行，平安连着你我他。

▶ 国家安全高于一切，国无安宁日，何谈幸福时。

增多，"一言不合就开撕""看什么都是阴谋""仇官仇富仇政府"……成为矛盾产生的导火索。人心不平，社会难安。"能攻心则反侧自消"，很多矛盾背后并没有什么严重的利害冲突、难解的深仇大恨，有的就是为了"争口气"。化解矛盾首在"攻心"，根据不同人群、不同情况，有针对性地加强帮扶救助、心理疏导、法律援助，最大限度消解社会戾气，塑造自尊自信、理性平和、积极向上的社会心态。

凡事出新，必有策应。面对新情况新问题，化解矛盾有了新招数新办法，社会环境就会展现新面貌，新时代中国特色社会主义就会获得更加强劲的发展动力。

二 社会治理新格局

社区作为城乡的基本单元，是社会治理的"神经末梢"。在抗击新冠肺炎疫情的战役中，社区是疫情防控第一线，是外防输入、内防扩散的前沿阵地。如果说医院救治是与病毒面对面的激烈厮杀，那么社区防控就是阻断病毒传播的坚韧鏖战。全国400多万名社区工作者奋战在65万个城乡社区防控一线，构筑起一道道联防联控、群防群控和科学防控的"钢铁防线"，为全社会抵御病毒建立起强大的"免疫系统"。

这次社区疫情防控的实践充分说明，社会治理工作最重要的任务在基层，最坚实的力量支撑也在基层，基层社会治理越

特别关注 ◀

浙江杭州运用"城市大脑"推进城市治理现代化

　　从信息化到智能化再到智慧化，是建设智慧城市的必由之路。浙江省杭州市通过大数据、云计算、人工智能等手段，把原本散落在城市生活中的数据汇集起来，并通过整合分析，打造一个综合的数字化界面，包括警务、交通、文旅、健康等11个大系统和48个应用场景，日均新增数据可达8000万条以上。"城市大脑"成为智慧城市的信息中枢，市民凭借它触摸城市脉搏、感受城市温度、享受城市服务，政府通过它实现对城市精细化智能化的科学治理。图为该市"城市大脑"精密智控防疫系统显示疫情防控动态数据。

　　有力、越有效，整个社会治理的基础就越牢固、越坚实。党的十九届四中全会把加强基层社会治理摆在突出位置，提出构建基层社会治理新格局的重大任务，对长远之计和固本之策作出许多新部署，旨在进一步提升基层社会治理水平，不断夯实国家和谐稳定的社会基础。

　　畅通参与渠道。社会治理的核心是人，人民群众是最广泛最活跃的主体。在实践中，一些地方积极探索群众参与社会治理的好做法好经验，比如民主听证会、社区恳谈会、专家咨询会以及民意直通车、市长热线、电视问政等丰富多彩的参与形式，让群众有更多机会贡献自己的智慧和力量。下一步，关键是深入总结提炼各地成熟的经验做法，完善群众参与基层社会治理的制度化渠道，激发群众参与治理的内生动力。

创新体制机制。我国工业化、城镇化进程不断加快，带来了广泛的人口大流动，基层社会治理的对象、任务和环境发生了深刻变化，特别是信息技术的快速发展，使基层社会治理面临前所未有的机遇和挑战。国家统计局数据显示，2019年全国人户分离人口2.8亿，其中流动人口2.36亿，占到全国总人口的近两成。面对这种新形势新特点，必须因时而变、顺势而为，不断加大创新力度，健全党组织领导的自治、法治、德治

👁 **特别关注** ◀

江西景德镇改革创新服务模式为"景漂"提供便利

随着江西省景德镇市城市魅力的提升，特别是景德镇获批国家陶瓷文化传承创新试验区以来，大批创客争相涌入，成为"景漂"一族。该市深化人才体制机制改革，从环境、平台、政策入手改革创新服务模式，为数万"景漂"提供住房优惠、随迁安置、子女入学、创业贷款等贴心服务。图为该市流动人口服务大厅工作人员为外来人员办理居住证。

特别关注

河北香河推行农村网格化管理

　　河北省香河县推行农村网格化管理，以镇为单位，科学设置三级管理网格，大到片区、村街，小到街巷、住户，全部纳入管理网格。同时，网格长定期走访了解群众需求，记录在网格日志上，实现群众有困难、邻里有矛盾，第一时间赶到帮助解决，实现便民服务全覆盖。图为该县一位网格长在介绍本地的网格划分。

相结合的城乡基层治理体系，健全社会管理和服务机制，推行网格化管理和服务，为城乡社区居民更好提供精准化、精细化服务。

　　推动重心下移。俗话说，既要马儿跑，又要马儿不吃草。这句话讽刺那些权责失衡、不可持续的做法。一些地方把工作任务、考核责任一股脑儿推到基层，但对基层各种必要的政策倾斜和服务配套往往跟不上，致使一些基层单位不堪重负。"上面千条线，下面一根针"，国家大政方针的最终落地在基层，社会治理的"毛细血管"在基层。真正重视基层，就应该推动社会治理重心下沉，把更多社会资源、管理权限和民生服务放到基层，把人力、物力、财力更多投放到基层，使基层社会治理进入权责一致、财事匹配的良性轨道。

贯彻落实好这些新部署，最关键的是观念先行，实现从传统社会管理到现代社会治理的转变，坚持系统治理、依法治理、源头治理、综合施策，不断提高基层社会治理水平，使社会治理的成效更多更好惠及全体人民。

三 安全维护新体系

2019 年年底，国际 SOS 救援中心发布了"2020 年世界旅行风险地图"，通过自然灾害、政治争端、恐怖主义、宗教种族矛盾、基础设施和应急体系建设等标准，对全球各个国家和地区的出行风险进行评估。其中，中国被列为安全风险较低的国家，是全球旅客青睐的热门目的地之一。2019 年，我国入境旅游达到 1.45 亿人次，位居世界前列。

民以安为乐，国以安为兴。安全问题，关系人民的幸福安康，关系国家的生存发展。安全涉及政治安全、国土安全、军

事安全、经济安全、文化安全、社会安全、科技安全、信息安全、生态安全、资源安全、核安全等领域，是一个涵盖党和国家事业各个方面的完整体系，必须统一谋划、一体推进。特别要看到，当前国际国内形势严峻复杂，各种不确定因素不断增多，"灰犀牛""黑天鹅"事件发生的概率增大，考验着我国维护社会治安、应对公共安全、捍卫国家安全的制度和能力。党的十九届四中全会立足建设平安中国的战略目标，分别对完善社会治安防控体系、健全公共安全体制机制、完善国家安全体系作出安排部署，从整体上全面提高国家和社会的安全水平。

织密治安防控的"天罗地网"。近年来，北京"朝阳群众"、天津"小巷管家"等赫赫有名的治安志愿者，在摸排提供线索、打击违法犯罪上"战功卓著"，成为维护一方平安不可或缺的重要力量。这是中国特有的现象。相比之下，许多去过国外的游客都有切身体会，一些国家的景点很高大上，但到了晚上便不敢出门，担心被抢劫，人身和财产安全都得不到保

北京"朝阳群众"

天津"小巷管家"

障。完善社会治安防控体系，最为关键的是依靠群众、发动群众，坚持专群结合、群防群治，提高社会治安立体化、法治化、专业化、智能化水平。治安防控"预"字当头，必须提高预测预警预防各类风险的能力，做到一体协同、精准发力。

坚守公共安全的"层屏叠障"。公共安全一头连着经济社会发展，一头连着千家万户安宁，要警钟长鸣、常抓不懈，托起公共安全的底线，构筑隔离重大风险隐患的"防火墙"。全会对健全公共安全体制机制提出明确要求，要建立公共安全隐患排查和安全预防控制体系，构建统一指挥、专常兼备、反应灵敏、上下联动的应急管理体制，提高防灾减灾救灾能力。此外，还专门强调要守护"舌尖上的安全"，对加强和改进食品药品安全监管制度作出重点安排。

铸牢国家安全的"铜墙铁壁"。维护国家安全是头等大事。没有国家安全，一切都是镜花水月。这样的教训历史上比比皆是，即便在当今世界也不鲜见。西亚北非的一些国家陷入连年战乱，国家安全危如累卵，无法得到有效保障，人民经年累月生活在危险之中，生命财产安全更无从谈起。我国国家安全形势总体上是好的，但随着我国国际地位不断提升，国家安全需求和国家安全能力的矛盾不断突出，完善国家安全体系迫在眉睫。现在，我国国家安全内涵和外延比历史上任何时候都要丰富，时空领域比历史上任何时候都要宽广，内外因素比历史上任何时候都要复杂，必须坚持总体国家安全观，以人民安全为

特别关注

山东枣庄国家安全教育进社区

2020 年 4 月 15 日是第五个"全民国家安全教育日"。山东省枣庄市组织法官走进基层社区，开展以"国家安全教育"为主题的宣传活动，提高居民的国家安全意识，树立"国家安全、人人有责"的观念。图为该市法官向居民宣传国家安全知识。

宗旨，以政治安全为根本，以经济安全为基础，以军事、科技、文化、社会安全为保障，以促进国际安全为依托，维护各领域国家安全，构建国家安全体系，走中国特色国家安全道路，坚决维护国家主权、安全和发展利益。

天下大同，人人为公。只有依靠人民，社会治理才能获得取之不尽、用之不竭的源源动能；只有动员人民，社会治理才能形成同心同德、团结协作的强大合力；只有为了人民，社会治理才能占领大公至正、造福百姓的价值高地。站在今天社会治理的新起点上，一个共建共治共享的美好社会更加令人期待。

深度阅读 ◂

1.《习近平在省部级主要领导干部坚持底线思维着力防范化解重大风险专题研讨班开班式上发表重要讲话强调 提高防控能力着力防范化解重大风险 保持经济持续健康发展 社会大局稳定》,《人民日报》2019 年 1 月 22 日。

2.《中办国办印发〈指导意见〉 加强和改进乡村治理》,《人民日报》2019 年 6 月 24 日。

扫一扫

家在青山绿水间

——生态文明制度体系如何为美丽中国保驾护航？

从三江源到祁连山，从湖北神农架到浙江钱江源，从福建武夷山到云南普达措……目前，10 处国家公园体制试点正在 12 个省份深入推进，总面积约 22 万平方公里，覆盖不同生态环境类型，涉及多个珍稀物种。国家公园体制这张"绿色名片"，通过实施一套整体保护、系统修复、综合治理的制度举措，构筑起锦绣山河的"绿色高地"，还自然生态以本来面目，为野生动植物建栖息家园，给子孙后代留宝贵财富。

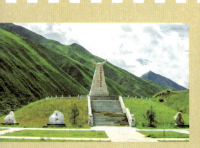  

　　生态文明建设乃千年大计，关系中华民族永续发展。党的十八大以来，习近平总书记深刻回答了"为什么建设生态文明、建设什么样的生态文明、怎样建设生态文明"的重大问题，提出了一系列标志性、创新性、战略性的重大思想观点，形成了习近平生态文明思想。党的十九届四中全会以习近平生态文明思想为指导，提出坚持和完善生态文明制度体系的重大命题，推出一系列重大举措，为实现人与自然和谐共生、建设美丽中国筑牢绿色屏障。

一　环境保护理念先行

　　"一曲溪流一曲烟"的诗画美景，是浙江省杭州市西溪湿地10多年来践行绿色发展理念的成果。如此怡人的景致也曾有不堪回首的往事，过去西溪一带河道淤塞、水质恶化，自然生态系统遭受严重破坏。为了改变这一状况，西溪湿地坚持生

态优先、最小干预、可持续发展等原则，建设全国首个国家湿地公园，实施湿地综合保护工程，使生态环境质量大幅提升，成为国内外游客心驰神往的休闲度假天堂。

西溪湿地的美丽蝶变，是生态环保理念先行的成功典范。习近平总书记指出："绿水青山就是金山银山。"这一重要理念，深刻揭示了经济发展和生态环境保护的关系，指明了实现发展和保护协同共生的新路径。对人的生存来说，金山银山固然重要，但绿水青山是人民幸福生活的重要内容，是金钱不能代替的。必须以绿水青山就是金山银山的理念为先导，坚持节约资源和保护环境的基本国策，坚持节约优先、保护优先、自然恢复为主的方

针，坚定走生产发展、生活富裕、生态良好的文明发展道路。

　　构建全过程全方位防治体系。生态环境保护是一个系统完备、全面整体的过程，必须纵向到底、横向到边，形成环环相扣、协同联动的制度体系。从防治的环节看，必须把事前、事中、事后贯通起来，健全源头预防、过程控制、损害赔偿、责任追究的生态环境保护体系；从防治的机制看，构建以排污许可制为核心的固定污染源监管制度体系，完善污染防治区域联动机制和陆海统筹的生态环境治理体系；从防治的过程看，深化排污口设置管理改革，打通岸上和水里、陆地和海洋，构建

 特别关注 ◀

全国碳排放权交易市场初具规模

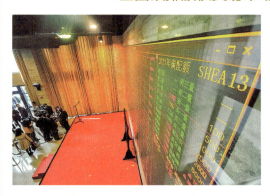

　　建设全国统一碳排放权交易市场，是利用市场机制控制和减少温室气体排放、推动经济发展方式绿色低碳转型的一项重要制度创新，也是加强生态文明建设、落实国际减排承诺的重要政策工具。截至 2019 年年底，北京、天津、上海、重庆、湖北、广东、深圳 7 个试点碳市场覆盖了电力、钢铁、水泥等多个行业近 3000 家重点排放单位，累计成交量突破 3.6 亿吨二氧化碳当量，成交金额约 81.3 亿元，企业履约率保持较高水平。图为上海碳排放权交易试点在上海环境能源交易所启动。

特别关注

山东青岛打造"会呼吸的海绵城市"

建设海绵城市是现代城市发展的必然趋势。作为第二批海绵城市建设试点，山东省青岛市持续加快试点区项目建设进度，统筹推进新老城区建设，努力建设自然积存、自然渗透、自然净化的海绵城市，让城市有弹性、会呼吸。图为该市李沧文化公园一景。

水陆统筹、精准科学的江河湖海水污染治理体系。

完善主体功能区制度。国土是美丽中国的空间载体，就如同一个人的居室环境，需要分出客厅、卧室、书房、厨房和卫生间等，让不同的区域承担不同的功能，宜工则工、宜农则农、宜生态则生态，形成各具特色、有机统一的生态大系统。这次全会强调加快建立健全国土空间规划和用途统筹协调管控制度，统筹划定落实生态保护红线、永久基本农田、城镇开发边界等空间管控边界以及各类海域保护线，使国家生态安全得到全面保障。

强化绿色发展制度保障。绿色发展是世界潮流，是未来产业经济的发展方向。良好的生态环境，本身就是一笔巨大的财富，能够带来源源不断的经济利益，实现环境保护和经济发展的"双丰收"。2018 年，我国单位 GDP 碳排放强度比 2005 年下降了约 45.8%，已提前完成到 2020 年下降 40%—45% 的目标。这次全会强调完善绿色生产和消费的法律制度和政策导向，发展绿色金融，推进市场导向的绿色技术创新，推动全社会更加自觉地坚持绿色循环低碳发展。

二　资源利用效率为本

垃圾分类一小步，生态文明一大步。从 2019 年 7 月 1 日起，上海正式实行生活垃圾分类制度，违反的单位处以 5000 元到 5 万元的罚款、个人处以 50 元到 200 元的罚款，"严苛"程度出人意料。不仅在上海，我国以前所未有的决心大力推行"垃圾革命"，打响垃圾分类的攻坚战和持久战。2020 年年底，46 个重点城市将基本建成垃圾分类处理系统；2025 年年底，地级及以上城市将基本建成垃圾分类处理系统。

2019 年 7 月 1 日起上海市正式实行生活垃圾分类制度

特别关注

陕西勉县循环经济显成效

近年来，陕西省勉县坚持循环发展理念，以周家山循环经济产业聚集区、褒城新型材料产业聚集区和中小企业孵化园为依托，全力推动工业转型升级，建成投产一批促转型、惠长远、延产业的项目，产生了良好的产业和人才聚集效应，为当地经济发展和群众就业注入活力。图为该县一家新材料科技有限公司对超级电容电极材料进行活化处理。

垃圾，是放错了地方的资源。实行垃圾分类制度，就是使其变废为宝，不仅解决了垃圾污染环境的问题，而且提高了资源的回收利用率。污水同样也可作为资源进行循环利用。污水经无害化处理后达到特定水质标准，替代常规水资源用于工业生产、市政杂用、居民生活、生态补水、农业灌溉、地下水回灌等，可有效缓解水资源、水生态、水环境所面临的压力，利用潜力巨大。资源利用的高效率，一直是我国生态文明建设着力破解的重大问题。虽然我国地大物博，资源总量比较大，但由于一个时期以来的粗放式发展，造成了资源的过度开发、大量消耗和浪费，土地、能源、水等资源对发展形成了硬约束、紧平衡，资源消耗纷纷亮起了红灯，亟

特别关注

第25届联合国气候变化大会在西班牙马德里召开

2019年12月2—15日，第25届联合国气候变化大会在西班牙马德里召开。大会通过了《智利—马德里行动时刻》政治决议，强调各国要根据《联合国气候变化框架公约》和《巴黎协定》确定的原则提高行动力度，减少碳排放，适应气候变化，并向发展中国家提供支持。在这次大会上，中方代表团表示，中国将坚定不移实施应对气候变化国家战略，100%兑现承诺，与各方一道应对全球气候变化、共谋全球生态文明建设、构建人类命运共同体。

须转变资源利用方式。

　　资源利用问题，说到底是生产和消费模式问题。资源利用的高效率，最根本的就是要把经济活动、人的行为限制在自然资源和生态环境能够承受的范围内，使资源、生产、消费等要素相匹配、相适应，以最小的资源代价获取最大的经济社会效益。当前和今后一个时期，就是要按照党的十九届四中全会的要求，牢固树立节约集约循环利用的资源观，全面建立资源高效利用制度，以刚性的约束破解我国资源环境面临的难题，推动建设资源节约型社会。

产权明晰、有偿使用。市场经济规律告诉我们，市场是资源配置和利用最有效的手段，产权是市场机制发挥作用的前提条件。当前，我国自然资源产权制度初步建立，但还存在着底数不清、权责不明、保护不严等问题，导致产权纠纷多发、资源保护乏力、开发利用粗放等问题。破解这些问题，必须进一步健全自然资源产权制度，落实资源有偿使用制度，实行资源总量管理和全面节约制度，在完善产权体系、落实产权主体、调查监测和确权登记、集约开发利用、健全监管体系等方面加快改革步伐，为自然资源的高效合理利用提供产权基础。

节约集约、循环利用。俗话说："有多少汤泡多少馍。"我国的水、土地、能源等资源总量有限，必须树立人口经济与资源环境相均衡的原则，强化约束性指标管理，实行最严格的水资源管理制度、节约用地制度和能源消耗制度，确保资源节约集约高效利用。随着我国资源需求的快速增长，废弃物产生量不断增加。必须完善资源循环利用制度，普遍实行垃圾分类回收，促进生产、流通、消费过程的减量化、再利用、资源化，构建覆盖全社会的资源循环利用体系。

清洁低碳、安全高效。现代能源体系最重要的两个特征，就是合理的能源结构和较高的能源效率。目前，我国能源结构还不尽合理，化石能源消费占比八成以上。改变这种状况，必须大力推进能源革命，加快发展风能、水能、太阳能、生物质

特别关注

河北张家口扎实推进可再生能源示范区建设

河北省张家口市近年来加快构建绿色能源体系，陆续推出新技术、新项目、新模式，不断壮大风电、光伏、光热和生物质发电等可再生能源产业规模。图为该市一处风能太阳能互补发电场。

能和地热能等清洁低碳能源，安全高效发展核电，建设绿色可持续的现代能源体系。

众人拾柴火焰高。每个人是资源的消耗者，也是节约资源的践行者。能不能做到少用一度电、少废一张纸、少开一天车、少剩一盘菜……14亿多人都自觉地从我做起、从小事做起，点滴行动就能汇成资源累积的汪洋大海。

三 保护修复双管齐下

"黄河之水天上来，奔流到海不复回。"千百年来，九曲黄河奔腾向前，哺育着炎黄子孙，孕育了华夏文明，是滋养中华民族的母亲河。由于黄河流经黄土高原、五大沙漠沙地等生态脆弱区，一直以来体弱多病，水患频繁。保护和治理黄河，是黄河两岸人民孜孜以求的美好夙愿，是事关中华民族伟大复兴的千秋大计。新中国成立特别是新时代以来，我们党带领人民吹响了黄河生态环境保护和修复的冲锋号，统筹谋划上下游、干支流、左右岸，共同抓好大保护，协同推进大治理，让黄河成为造福人民的幸福河。

山水林田湖草是一个生命共同体，人的命脉在田，田的命脉在水，水的命脉在山，山的命脉在土，土的命脉在树和草。生态是一个彼此相依共生的大系统，如果种树的只管种树、治水的只管治水、护田的单纯护田，"各人自扫门前雪"，很容易顾此失彼，"按下葫芦浮起瓢"，造成生态的系统性长期性破坏。只有树立系统思维，统一保护、统一修复，才能维护生态的自然平衡。

宁夏回族自治区吴忠市黄河国家湿地公园

云热评

- 生态环境是易碎品，破坏容易修复难，要像爱护眼睛一样呵护自然，像对待生命一般关爱环境。
- 人类赖以生存的资源是有限的，既关乎当今世界的繁荣发展，也关乎子孙后代的长远存续。
- 保护和修复是硬币的两面，不能边保护边破坏、边修复边伤害，必须两手抓、两手都要硬。
- 山水环绕、林田相依、湖草共生，演绎了自然大家庭和谐美满的生命乐章。
- 环境保护没有最严只有更严，竖起不可触碰的"高压线"，对破坏环境坚决"零容忍"，对玩忽职守绝对"不姑息"。
- 垃圾分类是一场环保观念的革命，也是一场城市治理的革命，更是一场生活习惯的革命。

　　正是基于此，党的十九届四中全会从生态系统整体出发，强调健全生态保护和修复制度，对山水林田湖草实行一体化统筹，重点加强对森林、草原、河流、湖泊、湿地、海洋等的自然生态保护。这一从系统和全局提出的生态治理思路，是实现人与自然和谐共生、保障山河长久安澜的根本之道。

　　整体性保护。生态环境是生存之本、发展之源，重在保护先行。我国生态环境虽复杂多样，但仍是一个完整的生态系统，生态环境保护必须在全局上考虑、从整体上谋划。必须加强顶层设计，建立全国统一的生态环境保护格局，加强对重要生态系统的保护和永续利用，加强长江、黄河等大江大河生态保护和系统治理，构建以国家公园为主体、自然保护区为基础、各类自然公园为补充的自然保护地体系，把应该保护的都保护起来。目前，我国已建立各级各类自然保护地超过1.18万处，占国土陆域面积的18%、领海面积的4.6%。其中，拥有世界自然遗产14项、世界自然与文化双遗产4项、世界地质公园39处，数量均居世界第一。

系统性修复。这些年来，我们持之以恒推进大规模国土绿化，下大力气整治荒漠化、石漠化和水土流失，抢救性保护濒危野生动植物，使透支的生态环境逐步得到恢复。我国森林覆盖率从本世纪初的16.6%增加到23%左右，沙化、荒漠化、石漠化土地面积年均分别减少约2000平方公里、2400平方公里、39万公顷。在此基础上，大力实施天然林资源保护工程、新一轮退耕还林工程、湿地保护与恢复工程等生态修复重大工程，推进耕地草原森林河流湖泊休养生息，筑牢生态安全的防线。

四 制度落实严明责任

秦岭和合南北、泽被天下，是我国的中央水塔，是中华民族的祖脉和中华文化的重要象征，也是我国中部重要生态安全屏障，素有"国家绿肺"和"世界生物基因库"之称。曾几何时，这里冒出了许许多多违建别墅，大片的森林绿地遭受人为

秦岭违建别墅整治前、中、后对比图

破坏。党的十八大以来，在习近平总书记多次批示指示下，这一严重破坏生态环境的问题才得到纠正。2019年12月1日，为巩固近年来秦岭生态环境整治的成效，新修订的《陕西省秦岭生态环境保护条例》正式生效。新条例突出"严"和"责"，进一步对监管责任、考核评价、责任追究、处罚标准作出更严更细的规定，为地方政府和相关部门的监督管理拧紧了"螺丝帽"。

近年来，我国生态文明建设大力度推进，出台了许多政策规定，推动生态环境保护取得显著成效，天更蓝了，水更清了，山更绿了。但与之不和谐的是，一些恶性环境污染、生态破坏事件仍时有发生，产生了严重后果和不良影响。分析这一起起事件，其背后的一个重要原因就是生态环境保护责任不严明、不落实，为生态破坏和环境污染留下了空间。

责任重于泰山。消除这一"人祸"因素，必须从"责"字入手，"严"字当头，进一步完善和落实生态环境保护责任制度，让监管者"时时在线"，敢于向污染行为"亮剑"，让违法者"吃不了兜着走"，无一例外地受到应有的严厉惩罚。

严格落实各方责任。如果把生态环境保护比作体育赛事，企业就是运动员，既要赛出好成绩也不能犯规；党委政府就是裁判员，既要保证赛事顺利进行又要及时向违规者"亮牌"。对生态环境保护来说，企业和党委政府都是最重要的责任方，必须分别履行好主体责任和监管责任，才能最大限度减少污染的产生。目前，我国实行的环境保护法、大气污染防治法、水污染防治法等重要法律法规，对"两个责任"作出了明确规定，用法治的权威保证环保责任不折不扣地落实。

落实中央督察制度。近年来，中央生态环境保护督察深入推进，掀起了一股又一股的治污"风暴"。2015 年以来，中央生态环境保护督察已完成第一轮 31 个省（区、市）和新疆生产建设兵团全覆盖，并开展了对 20 个省（区）的"回头看"，

权威声音

中国的发展绝不能以牺牲环境为代价

穆虹（中央改革办分管日常工作的副主任，国家发展改革委党组副书记、副主任）：要坚持生态优先、绿色发展，建立健全绿色低碳循环发展的经济体系，从技术、经济、法治、教育等方面综合施策，倡导简约适度、绿色低碳的生活方式，从源头上推动实现绿色转型，降低资源消耗、减少污染排放、防止生态破坏。

特别关注 ◄

我国生态环境保护"史上最高罚单"

2020年1月6日，江苏省南京市中级人民法院公布了一起环境污染案件判决结果，开出了5.2亿元的高额罚单。2014年10月至2017年4月期间，南京某水务公司多次将高浓度废水违法直排长江，同时篡改数据逃避监管，长期超标排放污水，造成生态环境损害达数亿元。给这家性质恶劣的企业开出"史上最高罚单"，体现了国家生态环境保护的坚定决心，以严刑峻法来惩治环境污染行为，让违法者付出沉重代价。

目前已启动第二轮，及时发现并督促解决了一批存在的问题。仅第一轮督察和"回头看"期间，受理转办群众生态环境举报约17.9万件，推动解决生态环境问题15万余个。随着中央生态环境保护督察向纵深发展，督察内容将不断拓展，向促进经济社会发展与生态环境保护相协调延伸，更好发挥其在生态环境保护中的重要作用。

健全责任追究机制。动员千次，不如问责一次。严格责任追究，是督促责任落实的"杀手锏"。没有这样的威慑力，责任就会流于形式、形同虚设。必须完善生态环境公益诉讼制度，落实生态补偿和生态环境损害赔偿制度，严格追究肇事者的责任，"谁损害、谁买单"，让违者付出沉重的代价。为官一任，造福一方，而不可祸害一方。对那些决策错误造成严重生态环境危害的领导干部，必须实行责任终身追究制，严格离任审计，不能任其"拍屁股走人"、换个地方官照当照升，出了问题无论离开多久、走到哪里都要"秋后算账"。

守护美好家园，助力绿色梦想。我们生于斯长于斯的中华大地，应该是蓝天常在、青山永秀、绿水长流的美丽中国。在实现民族复兴中国梦的新征程中，加快构建更加完善的生态文明制度体系，必定为建设"诗意栖居"的宜人环境提供坚强支撑。

 深度阅读 ◀

1.习近平:《在黄河流域生态保护和高质量发展座谈会上的讲话》,《求是》2019 年第 20 期。

2.《中办国办印发〈指导意见〉 构建现代环境治理体系》,《人民日报》2020 年 3 月 4 日。

扫一扫

微视频

12

铁血丹心铸军魂

——党对人民军队的绝对领导制度为何动摇不得？

　　1927 年秋，著名的"三湾改编"确立了"支部建在连上"的制度，从政治上、组织上保证了"党指挥枪"。后来，在向赣南闽西进军途中，红四军内部关于军队指挥权问题产生了分歧。1929 年 9 月，党中央从上海发来指示信，肯定毛泽东同志的思想和主张，明确军队的指挥权属于党的前敌委员会。这份态度鲜明的"九月来信"，重申了党对军队绝对领导的根本原则，为 3 个月后古田会议确立思想建党、政治建军原则奠定了前提和基础。

血与火的斗争，熔铸建军之本；生与死的考验，磨砺强军之魂。人民军队是党亲手缔造的，党指挥枪是人民军队从小到大、从弱到强、从胜利走向胜利的成功秘诀。党的十九届四中全会把党对人民军队的绝对领导制度，作为中国特色社会主义的根本制度确定下来，具有"压舱石"的重大意义。这一制度，从根本上确保人民军队忠实履行新时代使命任务，确保党的长期执政、国家长治久安和事业兴旺发达。

建军之本和强军之魂为何如此重要

国家是阶级矛盾不可调和的产物，军队是阶级统治的暴力工具，国家一诞生军队就随之产生。可以说，军队为国家而生、为国家而战，承担着对内巩固国家政权、对外维护安全利益的职能。在人类政治发展过程中，夺取和巩固国家政权首要是掌握军队，成为一条颠扑不破的历史规律。

军队的领导权问题，是马克思主义建军理论的核心。马克思、恩格斯认为，无产阶级为了夺取政权，必须拥有自己坚强的武装力量，在获得胜利以后，还必须凭借武装力量保卫革命的果实，维护自己的统治。列宁根据俄国革命实践指出，无产阶级专政的工具要为工农政权而战，必须由共产党来进行政治领导，在军队中建立党的组织。这些重要论述，为建立无产阶级新型军队指明了方向。

南昌起义总指挥部旧址

"三湾改编"所在地

古田会议会址

对中国共产党领导的人民军队来说，坚持党的绝对领导这一根本原则，不是凭空产生的，而是以鲜血为代价换来的，是历经艰辛探索得来的。建党初期，由于我们党没有认识到建立和掌握军队的极端重要性，遭遇了大革命惨痛失败等挫折。但我们党很快认识到只有"枪杆子里面出政权"，从而走上了农村包围城市、武装夺取政权的革命道路。南昌起义标志着我们党有了自己的军队，经过"三湾改编"、古田会议，党对人民军队的绝对领导成为我们党建军治军的一条铁律，革命的星星之火遂成燎原之势。90多年来，正是因为枪杆子始终掌握在党的手里，才保证人民军队在各个时期坚决执行党的政治任务，为革命浴血奋战、为建设和改革保驾护航，成为党和国家事业不断向前的坚强柱石。

🎤 **权威声音** ◄

坚持党对人民军队绝对领导具有
唯一性、彻底性、无条件性

钟新：《决定》指出，人民军队是中国特色社会主义的坚强柱石，党对人民军队的绝对领导是人民军队的建军之本、强军之魂。这深刻揭示了人民军队在维护社会主义红色江山中的重要地位作用，揭示了党对人民军队绝对领导的极端重要性。坚持党对人民军队的绝对领导，"绝对"二字最关键，强调的就是唯一性、彻底性和无条件性。对这一点，必须充分认清、牢牢把握，增强贯彻落实的坚定性自觉性。

党对人民军队的绝对领导，是我军的命脉和灵魂，事关军队的性质宗旨和方向前途。我们这支军队始终听党话、跟党走，不管什么人、采取什么手段，想拉拢军队脱离党，都不会得逞。在我军历史上，从来没有一支成建制的队伍被敌人拉过去，也没有任何人能够利用军队来达到其个人目的。当年，张国焘仗着自己带领的部队人数多，想脱离中央、另立山头，结果把自己搞成了孤家寡人，落得只身仓皇逃跑的下场。"文化大革命"中，"四人帮"总想抓军权，但军队不听他们的，垮台时他们还哀叹没有掌握军权。历史反复证明，只要坚持党对军队的绝对领导，无论形势如何变化，无论情况如何复杂，人民军队都不会迷失方向，始终保持最坚定的政治本色、最明亮的鲜红底色。

面向未来，我国日益走近世界舞台的中央，中华民族实现伟大复兴进入了关键阶段，维护国家主权、安全和发展利益从来没有像今天这样重要。从国际看，世界安全形势不容乐观，引发战争风险的不确定因素增多，国家间军事竞争日趋激烈。英国权威智库报告显示，2019年全球军费开支比上年增长约4%，创10年来最大增幅。从国内看，改革发展稳定任务更加繁重，军队改革转型正在爬坡过坎，维护社会大局和谐稳定的压力增大。只有坚持和发挥好党对人民军队绝对领导的政治优势，才能确保军事力量建设和运用更好应对前进中的风险挑战，为民族走向复兴、中国走向世界提供有力的战略支撑。

二 绝对领导如何用制度来保证

疫情就是命令，召必至，战必胜。新冠肺炎疫情发生后，中共中央总书记、国家主席、中央军委主席习近平向人民军队

"胖妞"运−20运输机运送医务人员　　军用卡车运送医疗物资　　军队医疗队紧急集结

特别关注 ◂

我国第二艘国产两栖攻击舰下水

2020 年 4 月 22 日，我国第二艘国产两栖攻击舰在上海沪东中华造船厂下水，至此我国首批建造的 075 型两栖攻击舰全部下水（第一艘于 2019 年 9 月 25 日下水）。两栖攻

击舰入役后，将显著提升我军北部战区和东部战区两栖立体投送能力和舰队直升机运作能力。图为建造中的两栖攻击舰。

发出为打赢疫情防控阻击战作贡献的冲锋号令。人民军队坚决贯彻党中央、中央军委和习近平主席的决策部署，闻令而动、听令而行，紧急抽组 3 批 4000 多名医护人员奔赴抗疫一线，火速派出 30 架次运输机和 2500 多台次车辆向疫区投送医疗物资，全力救治数以万计的患者……在这场没有硝烟的斗争中，广大官兵以坚定信念敢打硬仗、勇挑重担，为打好武汉保卫战、湖北保卫战作出了不可估量的贡献，以实际行动向党和人民交出了一份满意的答卷。

越是在重大考验面前，越能显现党对人民军队绝对领导的重大作用。这种威力产生的背后，是一整套制度在作保证和支撑。经过长期的探索和发展，我们形成了包括军委主席负责

制，党委制、政治委员制、政治机关制，党委统一的集体领导下的首长分工负责制，支部建在连上等在内的一整套制度体系，从而保证在任何时候任何情况下人民军队都坚决听从党的指挥。

党的十九届四中全会在巩固已有制度成果的基础上，对坚持和完善党对人民军队绝对领导制度提出了新的要求，赋予我军党的建设制度新的内涵和实现形式。必须牢固确立习近平强军思想在国防和军队建设中的指导地位，构建中国特色社会主义军事政策制度体系，全面推进国防和军队现代化，确保实现党在新时代的强军目标，把人民军队全面建成世界一流军队，永葆人民军队的性质、宗旨、本色。

兵权贵一、军令归一。坚持人民军队最高领导权和指挥权属于党中央。中央军委实行主席负责制是坚持党对人民军队绝对领导的根本实现形式。这是宪法和党章规定的重大制度，在党领导军队的一整套制度体系中处于最高层次、居于统领地位。中央军委主席负责中央军委全面工作，领导指挥全国武装力量，决定国防和军队建设一切重大问题。全军必须增强"四

2019 年 12 月中俄伊三国海上联合演习

个意识"，坚定"四个自信"，做到"两个维护"，贯彻军委主席负责制，确保一切行动听从党中央、中央军委和习近平主席指挥。

组织完备、坚强有力。健全人民军队党的建设制度体系。党对人民军队的绝对领导制度能否落到实处，关键在于加强我军党的领导和党的建设。90多年来，我军之所以能够永葆本色、战无不胜，根本就在于在实践中形成了一整套行之有效的党的建设制度体系。早在革命战争年代，我们党就把政治工作作为军队的"生命线"，在军队各级建立了党的组织，班排有小组，连队有支部，营级以上建立党委，党的领导直达基层、直达士兵，确保全军将士统一意志，形成打败各种反动势力坚不可摧的战斗力量。新时代，必须全面贯彻政治建军各项要

中国维和部队在海外执行军事任务

求，完善党领导军队的组织体系，建设坚强有力的党组织和高素质专业化干部队伍，确保枪杆子永远掌握在忠于党的可靠的人手中。

高度自觉、全面推进。军队建设是个系统工程，涉及方方面面，落实好党对人民军队的绝对领导制度，就必须以坚定的意志、高度的自觉、扎实的工作，把这一制度原则体现到建军治军各个方面的政策引领、制度规范和行为准则之中。当前一项十分重要的任务，就是以确保党对人民军队绝对领导为指向，以战斗力为唯一的根本的标准，以调动军事人员积极性、主动性、创造性为着力点，集中力量健全军队党的建设制度体系、军事力量运用政策制度体系、军事力量建设政策制度体系、军事管理政策制度体系，把党指挥枪的原则贯彻到军队建设各领域全过程。

坚持党对人民军队的绝对领导制度，关键是达到"绝对"的要求。这两个字并不是可有可无，也不是文字游戏，而是说明不能打任何折扣，没有丝毫余地可言。所谓"绝对"，就是强调坚持党的领导的唯一性、彻底性和无条件性，必须是纯粹、彻底、百分百的忠诚，不掺杂任何杂质，没有任何水分。无论是思想上还是行动上，无论是战时还是平时，无论是重大问题还是具体工作，都必须做到以党的旗帜为旗帜、以党的方向为方向、以党的意志为意志，头脑特别清醒、态度特别鲜明、行动特别坚决，确保全军绝对忠诚、绝对纯洁、绝对可靠。

三 "政治转基因"工程为何行不通

众所周知，在生物学上有一种转基因技术，可以通过改造基因或基因组，从而使生物的原有性状发生突变。比如，红苹果、红玫瑰等，被"转基因"后，就变成了其他颜色。这样一种生物技术，却被一些别有用心的人搬到政治领域，试图在人民军队中搞所谓的"政治转基因"工程，想方设法让军队"改变颜色"，其居心叵测可见一斑。

要不要坚持党对人民军队的绝对领导，始终是我们同敌对势力斗争的一个焦点。近年来，敌对势力大肆鼓吹"军队非党化、

国防科技大学硕士博士宣讲团成员走进一线部队宣讲党的创新理论

非政治化"和"军队国家化",还有的趁"军改"之机宣扬这一套论调,妄图对我军官兵"拔根去魂",动摇党对人民军队的绝对领导,把军队从党的旗帜下拉出去。这种谬论割裂了政党、政治和军队三者之间的本质联系,在理论上是荒谬的,在实践上是站不住脚的。

所谓"军队非党化",主要是兜售军队不为某一政党所掌控、政党不在军队中建立自己的组织、军人不加入某个政党等错误观点。持这种论调的人,只看到了西方国家军队与政

 特别关注 ◀

"硬骨头六连"精神代代传

第74集团军某旅"硬骨头六连"是一个传承红军血脉、敢打硬仗恶仗的英雄连队。进入新时代,"硬骨头六连"坚持用习近平强军思想建连育人,把传承弘扬"三股劲""四过硬"作为强军目标在连队落地生根的着力点,不断给"硬骨头"加钢淬火,打造出"铮铮作响"的刀尖子连队。2020年1月18日,中共中央总书记、国家主席、中央军委主席习近平给"硬骨头六连"全体官兵回信,勉励他们牢记强军目标,传承红色基因,苦练打赢本领,把"硬骨头精神"发扬光大,把连队建设得更加坚强。

党关系的表象，没有看到军队为阶级及其政党服务的本质。在西方国家，军队貌似不专属于某个政党，但无论哪个政党上台执政，军队的最高统帅都是资产阶级政党的最高领导人。执政党发生轮替，军队的领导权只是从资产阶级的"左手"交到"右手"而已。所以，在政党政治条件下，军队是绝对不可能脱离政党而存在的，总是从属于一定的阶级及其政党。

 云热评

- 忆往昔，党指挥枪浴血奋战打江山；看今朝，党指挥枪保驾护航助梦圆。
- 军令如山、听党指挥，战时奋勇杀敌保家国，平时召之即来挑重担。
- 军队不是生活在真空中，必须时时祛邪扶正，确保军魂永驻、本色不褪。
- 军改的革命性重塑，不光是强身健体，更是培根铸魂。
- 西方军队是阶级统治的"刽子手"，是霸权主义的"马前卒"。

所谓"军队非政治化"，主要是宣扬军队保持政治中立，不干预政治，不介入党派政治斗争等。军队不过问政治，这实际上只是资产阶级的虚伪口号，割裂了军队与政治的必然联系。普鲁士军事理论家克劳塞维茨就说过："战争不过是政治通过另一种手段的继续。"军队因政治而产生、因政治而存在，根本不存在脱离政治、不为政治服务的军队。事实上，西方国家的军队早就被驯服成了资产阶级专政的工具，对内镇压民众的反抗斗争，对外充当强权政治的"爪牙"。第二次世界大战后，英国曾 30 多次动用军队镇压工人罢工运动，美国介入朝鲜战争、越南战争、中东战争等，都是在为其霸权主义开道。可见，西方国家所谓"政治中立"的军队，并没有也不可能实现"非政治化"。

所谓"军队国家化"，主要是鼓吹军队只效忠国家，而不听命于某个党派等。此种论调把军队的国家属性绝对化，是偷梁换柱、以偏概全的障眼法，更具迷惑性和欺骗性。国家是阶级矛盾不可调和的产物，阶级通过政党来代表，国家通过政党来执政，军队也必然由政党来领导。军队不可能只与抽象的国家发生联系，而与阶级和政党没有关系。西方国家标榜自己是超阶级的全民的国家，军队是超党派、超政治的军队，这种军事模式是编造出来忽悠人、迷惑人的。任何军队都具有阶级属性和政党属性，抽象的、纯粹的国家化军队是不存在的。

这 3 种错误论调，无论怎么改头换面，险恶用心就是妄图使我军脱离党的领导。对敌对势力骨子里的政治图谋，我们要保持高度警觉，擦亮眼睛，态度鲜明、理直气壮地批驳错误政治观点，始终保持理论上的清醒和政治上的坚定。

人民军队作为党缔造和领导的军队，是执行党的政治任务的武装集团，从不讳言自己的政治属性。我们党和军队除了国家、人民利益之外，没有任何自己特殊的利益。党对人民军队的绝对领导制度，与党的领导和经济、政治、文化、社会、生态文明等各方面制度，共同构成中国特色社会主义制度，成为其中不可或缺的坚强支柱。人民军队要始终坚持党对军队的绝对领导不动摇，把听党指挥深深融入血脉和灵魂中，全面贯彻政治建军各项要求，突出抓好军魂培育，发扬优良传统，传承红色基因，着力提高坚持党对人民军队绝对领导的政治自觉和实际能力，真正做到"炼就金刚身，不怕百毒侵"。

"国家大柄，莫重于兵。"执政必执军，强国必强军。人民军队的领导权和指挥权，关乎党和国家的前途命运，关乎中国特色社会主义的长远发展。在强军兴军的新征程上，坚持党对人民军队绝对领导这一制胜法宝，必定为实现国防和军队现代化、顺利完成民族复兴大业提供牢靠制度保证。

🔍 深度阅读 ◀

1. 中华人民共和国国务院新闻办公室：《新时代的中国国防》，人民出版社 2019 年版。

2.《习近平对军队做好疫情防控工作作出重要指示强调 牢记宗旨 勇挑重担 为打赢疫情防控阻击战作出贡献》，《人民日报》2020 年 1 月 30 日。

扫一扫

微视频

13

历史大势不可挡

——"一国两制"重要制度为什么完全行得通?

  1997 年 7 月 1 日、1999 年 12 月 20 日,饱经沧桑的香港、澳门先后回到祖国怀抱,洗雪了中华民族的百年耻辱,开启了历史的新纪元。20 多年过去了,背倚祖国内地的坚强后盾,港澳经济社会实现了长足发展。1997—2019 年,香港本地生产总值从 1773 亿美元增长到 3583 亿美元;1999—2019 年,澳门本地生产总值从 65 亿美元增长到 591 亿美元。港澳回归后举世公认的发展成就,以无可辩驳的事实证明了"一国两制"伟大构想的科学性、可行性和实践性。

　　"一国两制" 是党领导人民实现祖国和平统一的一项重要制度，是中国特色社会主义的一个伟大创举。党的十九届四中全会把 "一国两制" 作为国家制度和国家治理体系的 13 个显著优势之一提出来，并对坚持和完善 "一国两制" 制度体系作出系统制度设计和工作部署。这次全会旗帜鲜明地宣示坚持 "一国两制" 方针不动摇的根本立场，进一步明确应该坚持什么、完善什么等重大问题，彰显了中央维护港澳长期繁荣稳定、推进祖国和平统一的制度自信和能力自信。

一　伟大创举的中国智慧

　　神州陆沉，山河破碎。近代以后，由于外敌入侵和民族弱乱，香港、澳门、台湾先后被分离出去，离开了祖国的怀抱。那时的中国历史，写满了民族的屈辱和人民的悲痛。直到中华民族站起来、富起来，祖国统一大业才迎来光明的前景。

20 世纪 70 年代香港平民居住的房屋

20 世纪 60 年代在街头卖苦力的澳门人

在改革开放和社会主义现代化建设的历史条件下，邓小平同志创造性地提出了"一国两制"伟大构想，即在一个国家的前提下，国家主体实行社会主义制度，港澳台实行资本主义制度，并以此为指引，通过同英国、葡萄牙的外交谈判，顺利解决了历史遗留的香港、澳门问题，推动两岸关系不断取得突破性进展，完成了实现祖国完全统一的重要一步。

历史若镜，岁月淘沙。从世界发展大势来审视，从民族复兴伟大征程来凝望，从港澳回归以来生动实践来印证，随着时间的推移，我们越来越感受到"一国两制"重要制度蕴含的政治智慧和现实威力。事实已经证明并将继续证明：这一重要制度是实现国家统一的最佳方式，是完全行得通、办得到、得人心的，具有强大生命力。

邓小平同志与撒切尔夫人会谈

推进港澳行稳致远的最佳制度。"一国两制"是解决历史遗留的香港、澳门问题的最佳方案，是回归后20多年取得长足进步的根本原因，也是面向未来保持长期繁荣稳定的制度安排。当前，香港、澳门经济社会发展中遇到一些新

中葡澳门问题谈判会议

情况新问题，传统优势相对减弱，新的经济增长点尚未形成，住房等民生问题比较突出。囿于港澳地域、经济结构和体量、市场空间等条件，仅靠自身力量难以解决这些问题。这就需要充分发挥"一国两制"的优势，进一步完善港澳融入国家发展大局、同内地优势互补、协同发展机制，借助内地广阔的发展市场、强劲的发展态势，为港澳经济社会繁荣发展提供源源不断的动力。

香港继续保持国际航运中心地位。图为繁忙的香港葵青货柜码头

香港国际金融中心地位举足轻重。图为第13届亚洲金融论坛在香港举办

实现两岸和平统一的必然选择。两岸同胞血浓于水、手足情深。以和平的方式实现统一，最符合包括台湾同胞在内的中华民族的整体利益。"一国两制"的科学构想，最初就是针对和平解决台湾问题而提出来的，在确保国家主权、安全、发展利益的前提下，和平统一后，台湾同胞的社会制度和生活方式等将得到充分尊重，台湾同胞的私人财产、宗教信仰、合法权益将得到充分保障。这一制度的提出，本来就是为了照顾台湾

的现实情况，维护台湾同胞利益福祉，具有最大的宽容度和适应性，为海峡两岸求同存异、和平统一提供了最佳路径。

开创人类政治实践的全新思路。在国际政治发展史上，但凡收复失地都要兵戎相见、大动干戈，这几乎已成为定势。比如，历史上著名的西班牙收复失地运动，开始于公元718年，历经近8个世纪，其间发动的战争数不胜数，最终才赶走了入侵者，彻底收复伊比利亚半岛，真应了那句网络流行语"我太难了"。20世纪八九十年代，香港是国际金融中心之一，澳门人均收入也在亚洲前列，要从英葡两国手中收回两地谈何容易。但就是"一国两制"的伟大构想，以海纳百川、有容乃大的政治智慧，获得了有关各方的一致认可，不费一兵一卒实现了港澳和平回归。这个新构想新方案，为国际社会解决类似问题提供了新的选择，为世界和平与发展作出了重要贡献。

"一国两制"重要制度，立足中国国情，顺应时代潮流，观照人民福祉，把原则性和灵活性、现实性和长远性、一致性和差异性统一起来，凝结了中国共产党人为解决国家统一问题

2017年香港举行回归20周年庆祝活动　　2019年澳门举行回归20周年庆祝活动

云热评 ◀

> 《七子之歌》如泣如诉，唱出了中华民族的屈辱历史，道尽了骨肉分离的人间凄情。

> "一国两制"的伟大在于，它有海纳百川的容人之量，有求同存异的超凡智慧，有长治久安的深谋远虑。

> 背靠大树好乘凉，大河涨水小河满，港澳和内地同胞共享民族复兴的无上荣光。

> 不管你是什么"独"，都是乱我中华之"毒"，最后难逃被历史潮流冲刷淘汰的命运。

> 海水悠悠，浅浅的海峡隔不断中华血脉；情思绵绵，漫漫的岁月挡不住归心似箭。

展现出的超凡勇气和卓越智慧，是人类政治文明史上前无古人的伟大创举。

二 "一国"和"两制"不可偏废

2019 年 6 月以来，香港有点闹心，暴力乱港折腾一年之久还不安分。一些反对派和激进分子打着所谓"反修例"的幌子，在外部势力的插手干预下，持续升级街头暴力活动，疯狂冲击中央政府驻港机构，恶意侮辱国旗、国徽和区旗、区徽，大肆破坏社会秩序，残忍伤害无辜市民，气焰之嚣张、性质之恶劣令人发指，搞得香港乌烟瘴气、鸡犬不宁。

香港持续发生的激进暴力犯罪行径，严重践踏法治权威，严重破坏香港繁荣稳定，严重挑战"一国两制"原则底线，于理于法不容，必须果断予以严肃惩处。在中央政府的坚定支持下，香港特区政府、警方依法严厉打击暴力犯罪活动，坚决止暴制乱、恢复秩序，让侵犯国家尊严、触碰制度红线的行为受到严惩。

根深才能叶茂，本固才能枝荣。乱港分子策动暴力事件企图瘫痪特区政府，对抗中央政府，挑战"一国两制"方针原则，实际上是本末倒置、倒行逆施。"一国两制"是一个完整的概念，必须全面准确理解"一国"和"两制"的关系。

"一国"是"两制"的前提。"一国"和"两制"是源和流的关系。"一国"是实行"两制"的前提和基础，"两制"从属于"一国"并统一于"一国"，"一国"是不可挑战、不可动摇的，"两制"必须在"一国"之内运行。我国是单一制国家，

🎤 **权威声音** ◀

在贯彻"一国两制"方针上必须做到全面准确

张晓明（国务院港澳事务办公室分管日常工作的副主任）：在思想认识上，必须坚持"一国"是实行"两制"的前提和基础，"两制"从属和派生于"一国"并统一于"一国"之内的基本逻辑；必须坚持严格依照宪法和基本法对香港特别行政区、澳门特别行政区实行管治的法治原则；必须坚定维护国家主权、安全、发展利益，维护香港、澳门长期繁荣稳定的根本宗旨。

中央对包括香港、澳门特别行政区在内的所有区域拥有全面管治权，香港、澳门两个特别行政区的高度自治权不是固有的，主权和治权都在中央，其高度自治权是中央授予的。

"两制"是"一国"的派生。香港、澳门长期被殖民统治，受西方资本主义制度影响深重，与国家主体社会主义制度存在较大差异。在"一国"的前提下，"两制"并存具有最大程度的包容性和适应性，为港澳顺利回归、保持长期繁荣稳定提供了最佳制度形式。在"一国"的框架内，强调全面准确贯彻"一国两制"、"港人治港"、"澳人治澳"、高度自治的方针，赋予特区政府行政管理权、立法权、独立的司法权和终审权，支持港澳同胞把香港、澳门管理好、建设好、发展好。

坚持"一国"原则和尊重"两制"差异相结合。"一国"原则是根本，"两制"差异是现实，两者不是相互对立、相互替代的关系，而是有机统一、相得益彰的关系，任何时候都不能偏废，否则就会左脚穿着右脚鞋——错打错处来。在"一国两制"的实践中，必须把坚持"一国"原则和尊重"两制"差异有机结合起来，做到坚守"一国"之本，实现"两制"和谐相处、彼此促进，既要把实行社会主义制度的内地建设好，也要把实行资本主义制度的香港、澳门建设好。

深入分析香港的暴力事件，究其原因，就是割裂了"一国"和"两制"的关系，以香港特区的高度自治权来对抗中央的全面管治权。香港的这场斗争，其本质就是一场破坏"一国

直播现场

中央驻港国安公署挂牌成立

2020年7月8日，中央人民政府驻香港特别行政区维护国家安全公署在香港挂牌成立。根据香港国安法第四十九条，驻港国安公署的职责为：分析研判香港特别行政区维护国家安全形势，就维护国家安全重大战略和重要政策提出意见和建议；监督、指导、协调、支持香港特别行政区履行维护国家安全的职责；收集分析国家安全情报信息；依法办理危害国家安全犯罪案件。

两制"和维护"一国两制"的殊死较量，没有中间地带，没有讨价还价的余地。中国人民绝不容忍任何挑战"一国两制"底线的行为，绝不容忍任何分裂国家的行为。

党的十九届四中全会明确提出："建立健全特别行政区维护国家安全的法律制度和执行机制，支持特别行政区强化执法力量。"2020年5月28日，十三届全国人大三次会议高票通过了《全国人民代表大会关于建立健全香港特别行政区维护国家安全的法律制度和执行机制的决定》，作出了包括授权全国人大常委会制定相关法律、中央政府在香港设立国家安全机构等重大制度安排。6月30日，十三届全国人大常委会第二十次会议表决通过《中华人民共和国香港特别行政区维护国家安全法》，国家主席习近平签署主席令予以公布，自公布之日起施行。这充分体现了中央维护国家安全的坚强意志和坚定决心，体现了中央对香港整体利益和香港同胞根本福祉的坚决维护和最大关切。

三 坚持和完善"一国两制"

"一国两制"是一个新生事物，没有任何现成的经验可循，需要在实践中不断检验和探索。20多年的事实让我们看到，"一国两制"的生命力和优越性已经充分显现出来，其方针原则是完全正确的，必须毫不动摇地坚持；"一国两制"在实践中也遇到一些新情况新挑战，需要努力加以丰富和完善，使之走得更稳、更实、更远。

党的十九届四中全会立足"一国两制"的实践经验，着眼适应新形势新要求，从全面准确贯彻方针原则、健全中央全面管治权的制度、推进祖国和平统一3个方面，对坚持和完善

香港海洋公园

澳门大三巴牌坊

特别关注

粤港澳大湾区

粤港澳大湾区由香港、澳门两个特别行政区和广东省广州、深圳、珠海、佛山、惠州、东莞、中山、江门、肇庆等城市组成，总面积5.6万平方公里，是中国开放程度最高、经济活力最强的区域之一。2019年2月，中共中央、国务院印发《粤港澳大湾区发展规划纲要》，提出以香港、澳门、广州、深圳四大中心城市为核心引擎，建设世界级城市群、国际科技的创新中心、"一带一路"建设的重要支撑、内地与港澳深度合作的示范区，打造宜居宜业宜游的优质生活圈，成为高质量发展的典范。图为2019年1月在深圳举办的粤港澳大湾区独角兽高峰论坛。

"一国两制"制度体系提出了明确要求。在新的历史条件下，这是保持港澳长期繁荣稳定的治本之策，是推进两岸和平统一进程的长远之举。

全面准确贯彻。在实践中，香港社会有些人对"一国两制"方针政策和基本法存在模糊认识和片面理解，导致言行出现偏差。从1999年开始，全国人大常委会共进行了5次释法，对一些重要问题起到了正本清源的作用。这次全会强调，必须全面准确贯彻"一国两制"、"港人治港"、"澳人治澳"、高度自治的方针，坚持依法治港治澳，维护宪法和基本法确定的宪制秩序，把坚持"一国"原则和尊重"两制"差异、维护中央对特别行政区全面管治权和保障特别行政区高度自治权、发挥祖国内地坚强后盾作用和提高特别行政区自身竞争力结合起来，确保"一国两制"实践不变形、不走样。

严格依法管治。近年来，香港社会有些人鼓吹香港有所谓的"固有权力""自主权力"等，否认或抗拒中央对香港的管治权。邓小平同志早就说过："切不要以为香港的事情全由香港人来管，中央一点都不管，就万事大吉了。这是不行的，这种想法不实际。"中央与特别行政区的权力关系，是授权和被授权的关系，在任何情况下绝不允许以高度自治对抗中央的权力。这次全会提出，要健全中央依照宪法和基本法对特别行政区行使全面管治权的制度，进一步加强中央依法行使权力的各项制度机制建设，确保中央全面管治权真正充分行使到位、落实到位。

推进和平统一。解决台湾问题、实现祖国完全统一，是大势所趋、民心所向。完成这一历史大业，必须依靠两岸同胞的和衷共济、共同奋斗。面向未来，我们将推动两岸就和平发展达成制度性安排，完善促进两岸交流合作、深化两岸

2019 年 7 月来大陆交流的台湾青年大学生参观湖南岳麓书院

融合发展、保障台湾同胞福祉的制度安排和政策措施，为两岸迈向和平统一作出最大努力。同时，继续团结广大台湾同胞共担民族大义，反对形形色色的"台独"分裂行为，携手维护实现祖国统一的光明前景。

历史潮流浩浩汤汤，立时代之巅，望大国气象，迈向强盛的步伐铿锵有力，实现统一的大势不可阻挡。我们相信，在"一国两制"的指引下，港澳台同胞将和祖国人民一起，勠力同心、相向而行，共享民族复兴的伟大荣光，共绘中华团圆的美好明天。

 深度阅读 ◀

1. 习近平：《在庆祝澳门回归祖国二十周年大会暨澳门特别行政区第五届政府就职典礼上的讲话》，《人民日报》2019 年 12 月 21 日。

2.《全国人民代表大会关于建立健全香港特别行政区维护国家安全的法律制度和执行机制的决定》，《人民日报》2020 年 5 月 29 日。

3.《中华人民共和国香港特别行政区维护国家安全法》，《人民日报》2020 年 7 月 1 日。

扫一扫

命运与共同凉热

——和平外交政策如何营造良好国际环境？

疫情无国界，全球共战役。危机时刻，国际社会选择紧紧站在一起。

面对疫情，中国采取最全面最严格最彻底的政策举措，最大限度防止疫情向外扩散，第一时间通报疫情信息，展现了"敢于负责、积极作为"的大国担当；

面对疫情，许多国家、国际组织和友好人士纷纷表达慰问和支持，以不同的方式向中国伸出了援手，汇聚成"岂曰无衣，与子同裳"的滚滚暖流；

面对疫情，中国尽己所能给150多个国家和4个国际组织提供抗疫援助，向27个国家派出医疗专家组，积极分享病患诊疗方案和疫情防控经验，谱写了"投我以木桃，报之以琼瑶"的人间佳话；

......

伊拉克援助中国抗疫物资　　中国向意大利捐赠医疗物资

大道不孤，守望相助。在这场全球公共卫生安全的保卫战中，国际社会唱响了一曲人类命运共同体的大合唱。在当今世界处于百年未有之大变局的时代背景下，如何让世界各国求同存异、携手共创美好未来？习近平总书记站在全人类的高度，提出了推动构建人类命运共同体的重大倡议，对世界走向作出了响亮的回答。这一中国特色大国外交的鲜明标识，不仅体现了中国始终不渝走和平发展道路的坚定决心，也彰显了中国守护人类共同家园的博大情怀。

 和平发展：完善全方位外交布局

"胞波感情重，江水溯源长。"习近平总书记 2020 年首次出访就来到缅甸，与缅各界人士广泛交流，深化两国互利合作，共话千年胞波情谊。25 个小时、12 场活动，见证了中缅关系的"高光时刻"。从周边邻国做起，编织全球伙伴关系网络，不断完善我国外交布局，是中国特色大国外交的和平发展

"路线图"。

遥想新中国刚刚成立时，以美国为首的西方国家孤立和封锁我们，和中国建交的国家寥寥无几。1950年，仅有 17 个国家与中国

中缅建交 70 周年系列庆祝活动暨中缅文化旅游年启动仪式

建交。70 年来，中国奉行独立自主的和平外交政策，高举和平发展的旗帜，坚持和平共处五项原则，赢得了国际社会特别是发展中国家的广泛认同。越来越多的国家与中国建交，坚定地和中国站在了一起。目前，我国已经同 180 个国家建立了外交关系，同 112 个国家和国际组织建立了不同层级的伙伴关系，"朋友圈"遍布七大洲五大洋。

当今世界正处于大发展大变革大调整时期，和平与发展仍然是时代主题，但世界面临的不稳定性不确定性突出，兵戎相见时有发生，金融风暴余波未了，恐怖袭击此起彼伏，难民问题愈演愈烈，"灰犀牛"风险危机四伏，"黑天鹅"事件防不胜防，尤其是此次新冠肺炎疫情全球大流行严重威胁人类健康，世界仍然很不太平。面对人类当前的诸多不和谐因素，作为地区和世界和平的捍卫者、建设者和贡献者，中国将继续高举和平发展、合作共赢旗帜，全面发展同各国友好合作，推动构建总体稳定、均衡发展的大国关系框架，打造区域命运共同体，

加强同广大发展中国家团结合作，努力走出一条国与国交往的新路。

推动建设新型国际关系。现代国际关系伴随着民族国家的产生而兴起，打上了鲜明的西方印记。虽然西方国家也在国际关系中倡导所谓平等、公正、民主、法治等价值理念，但强权政治和霸权主义始终是近代以来国际关系的主要逻辑。中国主张，世界上的事情应该由大家平等协商解决，而不能由一两个大国说了算。无论是维护和平稳定，还是促进共同发展，都必须充分贯彻民主的原则，把相互尊重、公平正义、合作共赢作为处理国家间关系的基本准则。我国始终坚持和平共处五项原则，坚持国家不论大小、强弱、贫富一律平等，尊重各国人民自主选择发展道路的权利，反对干涉别国内政，维护国际公平正义，推动国际关系向着民主化、法治化、合理化的方向发展。

反对霸权主义强权政治。近些年来，某些国家炮

云热评

- 地球越来越小，世界越来越平，人类越来越成为休戚相关的命运共同体。
- "一带一路"延续千年夙愿，织就一根美美与共的友谊纽带，铺就一条欣欣向荣的福祉之路。
- 疫情大暴发，考验着人类团结协作的信念；病毒大流行，磨砺着世界守望相助的决心。
- 未来世界怎么办，不能老是西方说了算，东方也得亮一亮。
- "建群"你主导，"退群"你先跑，另外又"拉群"，真是"无利不起早"。

 **知识链接**

霸权主义

1974 年，毛泽东同志会见赞比亚总统卡翁达时第一次提出霸权主义的概念，指的是在国际关系中，大国、强国凭借军事和经济等优势，凌驾于国际法和国际政治格局之上，一味扩张自己的势力范围，操纵国际事务，干涉他国内政，甚至进行武装侵略和占领，从而实现对地区或世界的霸权。

强权政治

强权政治，指的是资本主义列强在处理国际关系中所遵循的"强权即是公理""弱国无外交"的丛林法则。这一概念于1862 年由普鲁士首相俾斯麦最早提出，后盛行于 20 世纪，成为欧美主要帝国主义国家奉行的国际政治原则。在当代国际关系中，超级大国奉行的"实力政策"、对他国的武装干涉和侵略，都是强权政治原则的表现。

制包括"新干涉主义"在内的借口，打着民主、人权、自由的旗号，在一些国家大搞"颜色革命"，甚至诉诸武力、大打出手，极尽恃强凌弱之能事。事实反复证明，霸权不能从根本上解决问题，只会导致新的更大矛盾。我国反对一切形式的霸权主义和强权政治，反对动辄使用武力或以武力相威胁，主张通过对话协商、和平手段解决国际争端和热点难点问题，永远做维护世界和平的坚定力量。

奉行防御性的国防政策。随着中国的快速发展，西方一些人拿所谓"修昔底德陷阱""金德尔伯格陷阱"来说事，大肆

 **知识链接**

修昔底德陷阱

"修昔底德陷阱"，由美国哈佛大学教授格雷厄姆·艾利森提出，此说法源自古希腊历史学家修昔底德就伯罗奔尼撒战争得出的结论，雅典的崛起给斯巴达带来恐惧，使战争变得不可避免。格雷厄姆·艾利森用这个概念来说明，一个新兴大国必然会挑战到守成大国的地位，而守成大国也必然会采取措施进行遏制和打压，两者的冲突甚至战争在所难免。

金德尔伯格陷阱

"金德尔伯格陷阱"，由美国学者约瑟夫·奈提出，他引用哈佛大学教授查尔斯·金德尔伯格的观点并作进一步阐发，认为在全球权力转移过程中，如果新兴大国不能承担领导责任，就会导致国际公共产品短缺，进而造成全球经济混乱和安全失序。当前，在美国不能为世界提供更多国际公共产品、不愿承担国际责任的情况下，一些人欲借此来逼迫中国承担超出自身能力的国际责任。

渲染"国强必霸"，把中国描绘成一个可怕的"魔鬼"，似乎哪一天就要危害世界。这些都是彻头彻尾的以小人之心度君子之腹。近 10 年来，中国军费开支占 GDP 比例平均约为 1.3%，低于世界平均水平。中华民族没有侵略别人、称王称霸的基因，也永远不会称霸，永远不搞扩张。中国的和平发展，不仅不会对任何人造成威胁，而且还会给世界带来福音。

二 合作共赢：推进开放体系建设

　　"世界工厂""国际车间""制造大国"，这些都是对中国在全球产业链供应链中枢纽地位的形象说法。受新冠肺炎疫情影响，中国制造业一度停摆，导致全球产业链受到严重冲击，甚至面临断供的危险。为把疫情对世界经济影响降到最低，中国在严格抓好疫情防控的基础上，加快外贸企业的复工复产，以保证国际供应链条的顺畅运转。这着实让世界松了一口气，"中国工厂机器一开动，全球产业链就稳了"。

　　中国始终把正确处理"义"和"利"的关系作为外交工

 特别关注 ◄

中欧班列累计开行超 2 万列

　　中欧班列是指中国开往欧洲的快速货物班列，共有东中西 3 条运行线路。2011 年 3 月 19 日首列中欧班列成功开行，截至 2019 年年底，中欧班列累计开行 21162 列。中欧班列以其运距短、速度快、安全性高的特征，以及安全快捷、绿色环保、受自然环境影响小的优势，已经成为国际物流中陆路运输的重要方式。图为开往德国杜伊斯堡的中欧班列从中铁联集武汉中心站驶出。

特别关注

中老铁路

中老铁路是中国"一带一路"倡议与老挝"变陆锁国为陆联国"战略对接项目，北起中老边境口岸磨丁，南至老挝首都万象，全长414公里。该铁路连接中国昆明和老挝万象，是首条以中方为主投资建设、全线采用中国技术标准、使用中国装备并与中国铁路网直接连通的国际铁路。该工程于2016年12月全面开工，计划2021年12月建成通车。图为建设中的中老铁路。

作的重要原则，在维护国家和人民利益的同时，推动人类共同利益的实现。义利观作为中国传统哲学思想的精髓，强调见利思义、以义取利、重义轻利、舍利取义，始终把"义"放在首位。改革开放40多年来，我国在对外合作中始终秉持正确的义利观，贯彻互利共赢、共同发展的方针，不仅使中国以世界上少有的速度发展起来，也为促进世界繁荣发展作出了重要贡献。

当今时代，开放融通的潮流滚滚向前，中国经济已经深深融入世界经济的汪洋大海，成为世界经济发展的动力之源和稳定之锚。近些年来，中国经济对世界经济增长的贡献率一直保持在 30% 左右。我国今天的经济地位是在开放中形成的，未来赢得更大的发展也必须在开放中实现。我国将按照党的十九届四中全会的部署，坚持互利共赢的开放战略，以推进合作共赢的开放体系建设为抓手，建设更高水平开放型经济新体制，推动建设开放型世界经济。

"一带一路"高质量。共建"一带一路"，就是打造一个政治互信、经济融合、文化包容的国际合作平台，为促进全球共同发展提供支撑。6 年多来，"一带一路"由点到面、由理念到行动、由愿景到现实，逐步成为全球最受欢迎的公共产品之一。目前，已有近 170 个国家和国际组织与中方签署了合作文件，联合国大会、联合国安理会等重要决议均纳入"一带一路"相关内容。当前和今后一个时期的工作重点，就

特别关注

第二届中国国际进口博览会

2019 年 11 月 5—10 日，第二届中国国际进口博览会在上海国家会展中心举行，共有 181 个国家、地区和国际组织参会，3800 多家境外企业参展，超过 50 万名境内外专业采购商到会洽谈采购，展览面积达 36 万平方米，累计达成意向成交金额 711.3 亿美元。图为博览会装备展区。

位于埃塞俄比亚的中国东方工业园

意大利米兰中国城庆祝农历春节

是在完成总体布局、勾画出"大写意"的基础上，推动"一带一路"向高质量发展转变，描绘出精雕细琢的"工笔画"。

贸易投资自由化便利化。当前，民粹主义、保护主义、单边主义、逆全球化思潮泛滥，个别国家把国内问题归咎于外部冲击，认为他们在现有贸易体制下"吃了亏"，采取包括贸易在内的各种手段打压其他国家发展，甚至不惜频频"退群""毁约""甩锅"，试图另搞一套，对多边贸易体制带来严重危害。中国坚决捍卫经济全球化，坚定维护多边贸易体制，推进贸易和投资自由化便利化，推动构建公正、合理、透明的国际经贸规则体系，促进全球经济进一步开放、交流和融合。

开放安全有保障。打开国门搞建设，难免会泥沙俱下，扎紧安全篱笆至关重要。在引进来的过程中，要吸收好国外先进的东西，也要警惕外来颠覆渗透活动，防范消极腐朽思想的侵蚀；在走出去的过程中，随着我国公民和法人走出去的规模越来越大，海外安全风险也逐渐增大。据统计，目前海外中国企业有近 4 万家，留学生约 150 万人，2019 年我国公民出境人次约为 1.7 亿。必须加快构建海外利益保护和风险预警防范体系，完善领事保护工作机制，切实维护海外同胞生命财产安全。

开放带来进步，封闭必然落后。在一些国家急于关上大门的时候，中国对外开放的大门将越开越大，以更加开放的姿态拥抱世界，以实际行动推动经济全球化坚定前行，在更大的范围内发展自己、造福世界。

三　公正合理：参与全球治理体系变革

从博鳌亚洲论坛到中法全球治理论坛、从德国科尔伯基金会演讲到瑞士日内瓦万国宫演讲、从俄罗斯乌法金砖国家领导人会晤到二十国集团领导人杭州峰会……习近平总书记在多个重大国际场合，深刻阐述共商共建共享的全球治理观，强调要积极变革全球治理体系，推动国际秩序朝着更加公正合理的方向发展。

全球治理格局取决于国际力量对比，全球治理体系变革源于国际力量对比变化。21 世纪以来，以中国为代表的新兴市场国家和发展中国家迅速崛起，经济总量在全球占比接近 40%，对全球经济增长的贡献率达到 80%，国际力量对比出现"东升西降"的历史性变化。随着国际力量对比消长变化和全球性挑战日益增多，现有的全球治理体系有些力不从心，难以应对和解决面临的问题，改革全球治理体系迫在眉睫，人们的呼声越来越高。

随着中国日益走近世界舞台中央，我国在国际上的话语权和影响力也"水涨船高"。过去，中国"个头小"，说话没人听。现在不一样了，中国变成"大块头"了，世界上的事情大家都想听听中国怎么说，国际社会期望看到消除全球治理赤字的中国方案。中国作为负责任的大国，将积极参与全球治理体系改革和建设，引领世界格局演变方向，引领人类文明发展方向。

推动全球经济治理变革。2008年国际金融危机以来，全球经济版图深度调整，西方发达国家日渐式微，新兴市场国家和发展中国家发展势头迅猛。相对于国际力量对比发生变

特别关注

2019 年中国北京世界园艺博览会举行

2019 年 4 月 28 日，中国北京世界园艺博览会开幕，主题为"绿色生活 美丽家园"，来自 110 个国家和国际组织的代表参会。图为 2019 年中国北京世界园艺博览会文艺演出。

化的趋势，全球经济治理机制的代表性和适应性不强，表现出"肌无力"，对全球经济增长乏力束手无策，亟须进行变革。作为世界第二大经济体，中国理应在全球经济治理体系变革中有更大作为，积极参与并努力引领国际经贸规则制定，主动提供国际公共产品，更好维护我国和广大发展中国家的共同利益。

共同应对气候变化。2020 年 1 月，国际清算银行首次提出"绿天鹅"事件的概念，认为未来气候领域可能出现极具破坏力的现象，给人类的经济增长和社会生活带来无法估量的损失，进而可能引发金融危机和社会动荡。持续半年之久的澳大利亚山火、席卷非洲和亚洲多国的沙漠蝗虫等极端灾害，都与气候变化密切相关，再次给人类敲响了警钟。世界

2019 年澳大利亚山火

漫天沙漠蝗虫吞噬农作物

各国必须行动起来，在共同但有区别的责任、公平、各自能力等原则基础上开展应对气候变化国际合作。中国将坚守国际承诺，坚定不移走绿色低碳可持续发展之路，善尽维护人类家园的国际责任。

维护以联合国为核心的国际体系。现行的国际体系，是第二次世界大战后在以美国为首的西方国家主导下建立起来的，虽然存在着一些不足和弊端，但在过去 70 多年，对维护世界和平发展起到了重要作用。改革和完善现行国际体系，并不意味着推倒重来、另起炉灶，而是在整体框架下进行调整和创新。中国坚定维护联合国在全球治理中的核心地位，支持上海合作组织、金砖国家、二十国集团等平台机制化建设，推动构建更加公正合理的国际治理体系。

世界好，中国才能好；中国好，世界才更好。在通达人类命运共同体的光辉大道上，中国将和世界各国一道，为摆脱贫困落后、促进繁荣发展而不懈努力，为消除分歧战乱、维护和谐稳定而持续奋斗，为弭平文明隔阂、加强交流互鉴而贡献力量，携手建设更加美好的世界。

 深度阅读 ◄

　　1.习近平：《携手抗疫　共克时艰——在二十国集团领导人特别峰会上的发言》，《人民日报》2020年3月27日。

　　2.习近平：《团结抗疫　共克时艰——在中非团结抗疫特别峰会上的主旨讲话》，《人民日报》2020年6月18日。

扫一扫

15

激浊扬清织密网

——党和国家监督体系如何健全完善？

2020 年 1 月中旬，在十九届中央纪委四次全会召开之际，一部 5 集电视专题片《国家监察》在央视播出，在社会上产生强烈反响，引起网民持续热议。"专题片看点满满，这些贪污国家财产、损害群众利益的贪官被查，真是大快人心""对公职人员是警示震慑，对老百姓是宣传普及"……从这部片子中，我们看到了反腐败斗争取得的显著成效，也感受到了党和国家监督体系的巨大威力。

天网恢恢，疏而不漏。构筑党和国家监督体系之网，必须坚持党的集中统一领导，推进监督全面覆盖。党的十九届四中全会《决定》指出："坚持和完善党和国家监督体系，强化对权力运行的制约和监督。"这是对新时代加强党的建设、完善国家治理体系提出的根本要求，是我们党永葆生机活力、勇立时代潮头的重要保障。

 全领域高擎监督"探照灯"

"监"字，最早见于商代甲骨文，本意是以水为镜映照自己，后引申为监察和监督的意思。几千年来，其字形几经演变，但核心意思一直沿用至今。

监督是一个国家、一个政党保持生机活力的根本所在。经过长期的发展，我们形成了一套严密完整、行之有效的党和国家监督体系。我们与其他国家的监督相比较，既有相同之处，又有许多独特做法。比如，强调党纪严于国法、党和国家一体监督、勇于自我监督等。因为我们党长期执政，党内监督有力有效，其他监督才能发挥作用。中国共产党是从自我革命的高度来看待监督这个问题的，通过加强监督，始终保持党的先进性和纯洁性。

党的十八大以来，以习近平同志为核心的党中央，以彻底

在线答疑

问："四个全覆盖"是什么？

答："四个全覆盖"，指的是纪律监督全覆盖、监察监督全覆盖、派驻监督全覆盖、巡视监督全覆盖。

的自我革命精神，坚定不移推进全面从严治党，把制约和监督权力作为保持党的肌体健康的重要保障，以党内监督带动促进其他监督，从将所有行使公权力的公职人员纳入国家监察范围到逐步形成"四个全覆盖"格局，从大力推动"有形覆盖"到走向"有效覆盖"，构建起党统一领导、全面覆盖、权威高效的监督体系，走出了一条中国特色的监督之路。

经过持续不断的努力，健全党和国家监督体系，已由前期的夯基垒台、立柱架梁，中期的全面推进、积厚成势，进入系统集成、协同高效的新阶段。当前和今后一个时期，健全党和国家监督制度的主要任务，就是在重点抓好党内监督和纪委监委专责监督的基础上，推动各类监督有机贯通、相互协调，进一步增强监督的严肃性、协同性、有效性。

发挥党内监督主导作用。自我监督是执政党面临的普遍难题，是国家治理的"哥德巴赫猜想"。我们党解决这个问题，根本要靠敢于自我革命这个政治品格，通过强有力的党内监督，及时发现和纠正错误，使党永葆先进性和纯洁性。在我国，95% 以上的领导干部、80% 的公务员是共产党员，他们构成了代表人民行使公权力的中坚。党的执政地位决定了党内监督是第一位的。强化党内监督的主导作用，必须突出政治属性，推进政治监督具体化和常态化，确保党的集中统一领导。加强对高级干部、各级主要领导干部的监督，完善领导班子内部监督制度，破解对"一把手"监督和同级监督难题，确保"关键少数"真正置于有效监督之下。

强化纪委监委专责监督。纪检监察机关是监督的专责机关，在党和国家监督体系中处于主干位置，发挥着保障作用。党的十九大以来，随着国家监察体制改革全面推进，各级纪委监委合署办公，成为名符其实的监察"铁军"。充分发挥好纪委监委的监督职能，就要加强上级纪委监委对下级纪委监委的领导，保证监督权的相对独立性和权威性。完善派驻监督的体制机制，拓展派驻全覆盖范围，提高派驻监督质量，切实发挥好"前哨"作用。

 特别关注 ◀

河北邯郸开展经常性监督提醒谈话

河北省邯郸市纪委监委派驻市委办公室纪检监察组对市委办公室班子成员开展经常性的监督提醒谈话，督促其切实把主体责任放在心上、抓在手上、扛在肩上。

特别关注

云南罗平成立"清风话语"宣讲团

云南省罗平县纪委监委成立"清风话语"宣讲团，深入村寨社区、机关企业，常态化开展讲纪释法，传播"清风廉音"。图为宣讲团成员进行知识普及。

推动各类监督有机贯通。系统论认为，任何系统都是一个有机整体，它的各个部分不是简单相加，而是相互关联、彼此影响的。在党和国家监督体系中，各类监督都不是孤立存在的，每一种监督都会对其他监督产生重要影响，也都需要其他监督协同配合。必须增强整体意识和系统观念，以党内监督为主导，推进纪律监督、监察监督、派驻监督、巡视监督统筹衔接，推动人大监督、民主监督、行政监督、司法监督、审计监督、财会监督、统计监督、群众监督、舆论监督有机贯通、相互协调，最大程度发挥监督的整体效能。

二 全过程扎紧权力"铁笼子"

权力是一把双刃剑，在法治轨道上行使可以造福人民，在法治轨道之外运行则必然祸害国家和人民。所谓权力的两重性，可以理解为：一方面，权力具有规范性指导性，运行得好可以使社会高效运行、平稳有序；另一方面，权力具有扩张性腐蚀性，一旦失去约束，就会像脱缰的野马，产生难以预料的恶果。

历史一再告诫我们，任何人都不是神仙完人，都有认识和道德的局限性。没有人能够保证自己在拥有和运用权力时永远不出任何差错。为了减少乃至杜绝权力的"任性"和"撒欢儿"，防止权力的失控，就必须加强对权力的制约和监督。

制约和监督权力，最根本的就是要完善权力配置和运行制约机制。习近平总书记指出，要强化权力制约，合理分解权力，科学配置权力，不同性质的权力由不同部门、单位、个人行使，形成科学的权力结构和运行机制。这从根本上指出了从结构和运行等环节加强对权力制约的重要性。必须通过划定边界、公开运行、落实责任，形成决策科学、执行坚决、监督有力的权力运行机制，保障党和国家机关依照法定权限和程序行使职权、履行职责，真正做到公正用权、依法用权、廉洁用权。

权责法定。法无授权不可为，法定责任必须为。权力的设定应当于法有据，依法健全分事行权、分岗设权、分级授权、定期轮岗制度，明晰权力边界，严格职责权限。2018年深化党和国家机构改革，首次采用党内法规条目式表述部门"三定"，为部门履职尽责赋予了法律依据。应当在此基础上，全面梳理各部门权力的法定授权，建立权力清单、责任清单、负面清单，推动机构、职能、权限、责任法定化，确保自由裁量权在合理区间，防止权力出轨。

权责透明。腐败是腐蚀剂，阳光是最好的防腐剂。公开与透明，让权力"晒"在阳光下，是加强权力运行制约的前提。权力运行不见阳光，或有选择地见阳光，公信力就无法树立。强化权力制约，必须推动用权公开，完善党务、政务、司法和各领域办事公开制度，建立权力运行可查询、可追溯的反馈机制，善于运用互联网，主动回应群众关切，接受人民监督。近年来全国纪检监察机关立案审查调查的案件中，有不少来自群众举报。

权责统一。有权必有责、有责要担当、失责必追究。科学的权力运行机制，必须以覆盖全过程的责任制度来保证。必须

♥ 云热评

- 革别人的命易，革自己的命难，我们党以自我革命破解"历史周期率"的治理谜题。
- 监督网编牢织密，让权力规范正确运行，不能牛栏关猫、进出自如。
- 党员领导干部要如履薄冰、心存敬畏，秉公用权、廉洁自律，远离"圈子文化""山头主义"。
- 利剑高悬显神威，胆敢伸手必被捉，余生铁窗悔恨多。
- 对"老虎"一查到底，对"苍蝇"一拍到底，对"狐狸"一追到底。

特别关注

四川洪雅强化监督检查护航脱贫攻坚

2020年以来，四川省洪雅县纪委监委成立5个扶贫领域作风督查组，对全县33个市级贫困村开展督查，加强对脱贫工作成效、保持脱贫政策连续性稳定性、脱贫验收等情况的监督检查，确保帮扶项目资金、政策真正落实到位。图为该县纪检监察干部在核实产业扶贫资金落实情况。

盯紧权力运行的各个环节，完善发现问题、纠正偏差、精准问责有效机制，压减权力设租寻租空间，让问责成为权力必须面对的"终考"。2019年，全国有8194个党组织、108个纪委（纪检组）和4.5万名党员领导干部被问责，失责必问、问责必严成为常态。

国家之权乃是"神器"，是个神圣的东西。公权力姓公，也必须为公。只有建立科学的权力配置和运行制约机制，把公权力关进制度的笼子里，才能确保党和人民赋予的权力始终用来为人民谋幸福。

特别关注

河南上蔡打通纪检监察信访举报"最后一公里"

河南省上蔡县纪委监委通过发放举报指南、现场接受咨询等形式，分批次走进26个乡镇（街道）宣传纪检监察机关信访举报受理范围、举报渠道、处理程序等内容，打通纪检监察信访举报"最后一公里"。图为该县纪检监察干部在流动接待点接受群众咨询。

三 全方位构筑反腐"防火墙"

反腐利剑再出鞘，清风正气满乾坤。在十九届中央纪委四次全会上，2019年反腐败斗争的成绩单颇为"亮眼"：中央纪委国家监委立案审查调查中管干部45人；全国纪检监察机关立案审查调查61.9万件，给予党纪政务处分58.7万人，涉嫌犯罪移送检察机关2.1万人。在强大震慑和政策感召下，全国有10357人主动投案，其中中管干部5人、省管干部119人。从这些数据我们看到，近年来一体推进不敢腐、不能腐、不想腐的综合效应正在充分显现，反腐败斗争压倒性胜利得到进一步巩固发展。

腐败，就是利用公共权力为个人或小团体牟取私利。有人说，腐败是权力的影子，哪里有权力，哪里就有腐败的可能性。清代史学家赵翼总结历代贿赂现象后得出一个结论，叫"贿随权集"，腐败总是和权力如影随形。要使权力远离腐败，就必须从惩治、机制和思想上多管齐下，保证权力不被围猎和腐蚀。

一体推进"三不"，凝结着对腐败发生机理的深刻洞察，揭示了管党治党的基本规律，不仅是反腐败斗争的基本方针，也是新时代全面从严治党的重要方略。党的十八大以来，随着反腐败工作的深入推进，我们对腐败症结成因和对策措施的认识不断深化，对深化标本兼治的共识高度凝聚，一体推进"三不"的基础更加坚实、时机已经成熟。

当前，虽然反腐败斗争取得巨大成效，但形势依然严峻

 权威声音 ◀

一体推进"三不"与健全党和国家监督
体系具有内在统一性

苗庆旺（中央巡视组副部级巡视专员、中央纪委副秘书长）：一方面，健全党和国家监督体系，整合反腐败资源和力量，加强党的集中统一领导，扩大监督覆盖面，增强监督有效性，有利于强化不敢腐的震慑、扎紧不能腐的笼子、增强不想腐的自觉；另一方面，一体推进"三不"，不断提升腐败治理能力和水平，有利于印证监督制约体制机制改革和制度建设的成果，坚定全党全社会健全监督体系的共识和信心。

复杂，腐败存量不少、增量还在发生。从腐败的成因来看，既有惩罚力度不够、制度不完善、监督乏力的原因，也有私欲作祟、侥幸心理等因素，还有政治生态、社会风气和历史文化的影响，是多种因素交互作用的结果。这就决定了不能指望一招制胜，而要多管齐下，一体推进"三不"。

强化不敢腐的震慑。我们党与腐败水火不容，必须保持惩治腐败的高压态势，坚持无禁区、全覆盖、零容忍，坚持重遏制、强高压、长震慑，坚持受贿行贿一起查，继续"老虎""苍蝇"一起打。坚决查处政治问题和经济问题交织的腐败案件，加大重点领域和关键环节反腐力度，持续整治群众身边腐败和作风问题，有腐必惩、有贪必肃。坚持不懈追逃追赃，以天罗地网切断腐败分子的后路。"天网2019"行动追回外逃人员2041人，其中"百名红通人员"4人、"红通人员"40人，追回赃款54.2亿元。

扎紧不能腐的篱笆。制度是一种硬约束，具有制约权力、堵塞漏洞的长远作用。近年来，从政治建设到纪律建设，从选人用人到重大决策，从狠抓"四风"到严肃问责……各方面制度逐渐完善，不能腐的篱笆越织越密、越扎越牢。减

"百名红通人员"广东广弘华侨铝加工有限公司原总经理黄平归国投案

特别关注

湖南江永以"1+N"模式打造廉政教育"升级版"

　　湖南省江永县纪委监委把强化廉政教育作为专责监督的有力抓手，推出"1+N"模式，"1"是警示教育这条主线，"N"就是廉政谈话、警示教育大会、教育专栏、案例短片等形式，着力推进廉政教育套餐化、常态化、制度化，提前"亮红灯"、竖起"高压线"。图为该县一单位组织党员干部观看廉政警示片。

少权力的腐败空间，必须聚焦权力集中、资金密集、资源富集的部门和行业，推动审批监管、执法司法、工程建设、资源开发、金融信贷、公共资源交易、公共财政支出等重点领域监督机制改革和制度建设，坚决铲除腐败滋生的土壤。

　　筑牢不想腐的堤坝。列宁指出，"政治上有教养的人是不会贪污受贿的"。党的十八大以来，我们党从夯实党员理想信念之基入手，先后开展了党的群众路线教育实践活动、"三严三实"专题教育、"两学一做"学习教育、"不忘初心、牢记使命"主题教育等，使广大党员干部普遍接受了思想洗礼，提升了精神境界。遏制腐败必须进一步拧紧理想信念的"总开关"，加强思想道德和党纪国法教育，弘扬和践行社会主义核心价值观，严肃党内政治生活，使党员干部在风清气正的政治生态中，锻造拒腐防变的高尚气节和风骨。

不敢腐、不能腐、不想腐三者密不可分，不是 3 个阶段的划分，也不是 3 个环节的割裂，而是相互融合、环环相扣的有机整体。不敢腐是前提，指的是纪律、法治、威慑，解决的是腐败成本问题；不能腐是关键，指的是制度、监督、约束，解决的是腐败机会问题；不想腐是根本，指的是认知、觉悟、文化，解决的是腐败动机问题。"三不"缺一不可，必须强化系统集成、注重协同高效，形成反腐败工作的强大合力和整体效应。

"天下难事，必作于易；天下大事，必作于细。"在反腐败斗争取得压倒性胜利并巩固发展的新形势下，只有坚持标本兼治，锲而不舍，积跬步至千里，积小胜为大胜，才会早日迎来海晏河澄的清明景象。

深度阅读

1.《中国共产党第十九届中央纪律检查委员会第四次全体会议公报》，《人民日报》2020 年 1 月 16 日。

2.《中办印发〈党委（党组）落实全面从严治党主体责任规定〉》，《人民日报》2020 年 3 月 14 日。

扫一扫

16

直挂云帆济沧海

——中国特色社会主义制度如何行稳致远？

在人类发展进步的历史长河中，往往有一些紧要的关头，深刻影响着一个国家和民族的发展走向。翻开我国古代王朝兴衰史，几个著名盛世在形成时间上皆有规律可循。西汉经过六七十年的休养生息到汉武帝时期达到极盛，唐朝通过近百年的励精图治实现"开元盛世"，清朝从入关到"康乾盛世"有70多年的时间……从中可以窥见，执政70—100年是一个极为关键的时间节点。在此期间，能不能形成一套成熟管用的制度和治理体系，穿越"历史的三峡"，对于稳固政权基础、实现国家大治至关重要。

"雄关漫道真如铁，而今迈步从头越。"经过 70 多年的持续努力，中国特色社会主义站在新的起跑线上。当今世界正经历百年未有之大变局，不同社会制度、发展模式的竞争较量更为尖锐复杂；中华民族伟大复兴到了关键阶段，建设社会主义现代化强国的任务更为艰巨繁重。未来 30 年，只有继续高举中国特色社会主义伟大旗帜，不断推进国家治理体系和治理能力现代化，才能为战胜风险挑战、完成历史任务提供制度支撑，开辟"中国之治"的新境界。

 毫不动摇坚持和巩固

一个国家实行什么样的社会制度，关键要看这个社会制度是否符合国情、是否有效管用、是否得到人民拥护。鞋子合不合脚，只有穿鞋的人最清楚。新中国 70 多年辉煌历程雄辩地证明：只有社会主义才能救中国，只有中国特色社会主义才能发展中国。在实践中，中国特色社会主义制度越来越与我国历史文化传统和现实国情相契合，越来越显示出强大的治理效能。

"看似寻常最奇崛，成如容易却艰辛。"探索和形成一个好的制度不容易，关键是毫不动摇地坚持和巩固。怎么坚持和巩固好中国特色社会主义制度，既是一个思想认识层面的问题，也是一个政策法律体现的问题。必须持之以恒、久久为功，把它像种子一样种在广大干部群众的头脑中，如红线一般贯穿于党的路线方针政策之中。

始终不渝坚定正确方向。方向是旗帜和灵魂，决定着国家的前途命运。70多年来，我们在推进制度建设的过程中，始终沿着正确方向前进，坚持社会主义基本制度不动摇，坚持党的领导不动摇，坚持马克思主义指导地位不动摇，确保社会主义事业不偏向、不变色。在我国国家制度和治理体系中，很多制度都冠以"社会主义"的前缀，比如社会主义民主政治、中国特色社会主义法治体系、社会主义市场经济、社会主义先进文化等，"社会主义"并不是可有可无的，而是规定了这些制度的根本方向和性质。在前进道路上，制度无论怎么改革，也不能偏离社会主义方向，决不能在根本问题上犯颠覆性错误。

原原本本遵照制度体系。中国特色社会主义制度就像一棵参天大树，是严密完整的科学制度体系。其中，起枝干作用的是中国特色社会主义根本制度、基本制度、重要制度，构建起国家制度和治

中国特色社会主义制度使960多万平方公里的中华大地发生了翻天覆地的变化。图为江西省南昌市西湖区利字街改造前后对比

权威声音 ◀

党的十九届四中全会在制度建设上是
一个大的集成和推进

谢春涛［中共中央党校（国家行政学院）副校（院）长］：党的十九届四中全会在制度建设上的成果是集中总结了长期制度建设的成功经验，是一个大的集成、大的推进。哪些好的制度要长期坚持、要巩固，哪些方面还是短板、还有不足，要继续努力。全会对这些重大问题都说清楚了，在中国特色社会主义制度建设上有着里程碑的意义。

理体系的总体框架。这 3 类制度，从不同层次，围绕内政外交国防、治党治国治军，对党和国家各方面事业作出制度安排，是中国特色社会主义制度的"总纲"和"总遵循"。各级党委政府无论是编制发展规划、推进法治建设、制定政策措施，还是部署各项工作，都要遵照这些制度。想问题、作决策、抓落实，都要以这些制度为准星，自觉对标对表，不能有任何偏差。

坚若磐石保持强大定力。社会主义制度一诞生，就处在与资本主义制度的斗争中。社会主义中国从成立之日起，就在资本主义国家的"围剿"和打压之下。那么多年过去了，无论是被战略包围还是被核武讹诈，无论是被经济封锁还是被贸易恫吓，我们不仅没倒，反而一步一步发展壮大。可以预见，未来两种制度的竞争将会更加深刻剧烈。在这种情况下，必须保持强大的战略定力，保持顽强的信心信念，笃定社会主义制度不动摇，让这条道路越走越宽广。

二 与时俱进完善和发展

古诗云，"疾风知劲草"。重大危机时刻，才是检验制度好坏的试金石。新冠肺炎疫情，是对我国治理体系和治理能力的一次大考。这次抗击疫情斗争，既彰显了我国显著制度优势，也暴露出许多弱项和不足。比如，国家应急管理体系还需进一步健全，国家储备体系效能有待优化，城市公共环境治理还存在短板死角，等等。认真总结这次疫情的经验教训，就必须系统梳理相关领域存在的问题，抓紧补短板、堵漏洞、强弱项，

 特别关注 ◀

多地着力完善公共卫生应急管理体系

新冠肺炎疫情暴发以来，一些地方围绕健全公共卫生应急管理体系存在的短板开展调研，抓紧提出有针对性的举措。图为北京市通州区政协"健全公共卫生应急管理体系 提升城市副中心应对重大公共卫生事件能力水平"专题调研启动会。

🎤 **权威声音** ◀

中国特色社会主义制度有效管用、深得人民拥护

李君如（原中共中央党校副校长）：我国国家制度和国家治理体系能够真正解决我国发展面临的问题，具有显著优越性，是有效管用、深得人民拥护的先进制度和治理体系。中国特色社会主义制度为解放和发展社会生产力、激发和增强社会活力、永葆党和国家生机活力提供了有力保证，为保持社会大局稳定、保证人民安居乐业、保障国家安全提供了有力支撑。

及时作出制度安排，进一步提升国家治理的能力和水平。

任何制度都不是天生就完美的，有一个动态演进、发展完善的过程，必须随着时间、环境、条件的变化而作出相应的调整和改进。正所谓"明者因时而变，知者随世而制"。中国特色社会主义制度形成和发展时间还不长，特别是进入新时代，社会主要矛盾已经发生转化，国家治理面临许多新任务新要求，必然要求中国特色社会主义制度和国家治理体系更加完善、不断发展。

"勤打补丁"，堵上制度漏洞。中国特色社会主义事业日益发展壮大，涉及的领域和方面不断拓展，但有的新领域相关制度还没有完全建立起来，存在制度空缺。必须围绕这些新领域，加快制定和完善各项相关制度，切实补上制度短板。这次全会提出的目标和任务，很多都是空白点和薄弱点，具有鲜明的问题导向，必须以它们为重点，着力固根基、扬优势、强弱

项，使我国制度体系更加系统完备。

"实时升级"，强化制度性能。制度建设不是一蹴而就、一劳永逸的，必须小步快跑、迅速迭代，不断推出性能更优的新版本。这是由党和国家事业不断发展进步所决定的，也是由社会生活快速变化所要求的。2020 年 1 月 1 日起正式实施的《中华人民共和国土地管理法》《国家基本医疗保险、工伤保险和生育保险药品目录》等法律法规，都是根据形势变化新修订完成的，将在实践中发挥更大的作用。

"适时卸载"，保持制度时效。随着时代变迁和时间推移，一些制度严重滞后于形势发展，需要根据具体情形，像卸载手机软件一样加以废止。有的是在特定历史时期制定的，现在时过境迁，早已失效，沦为"僵尸"制度；有的明显与宪法或相

云热评

- 走路就要走正道，既不能走离经叛道的不归路，也不能走封闭僵化的回头路。
- "社会主义"和"中国特色"不是"1+1=2"的简单相加，而是两者融为一体。
- 国家制度的肌体也会新陈代谢，要经常做全面"体检"，及时优化健康状况，永葆制度的旺盛生命力。
- 制度不能只写在纸上、挂在嘴边，更要刻在心中、落在脚下。
- 中国特色社会主义是篇大文章，回望昨天的巨制感慨良多、豪情万丈，憧憬明天的华章激情澎湃、干劲冲天。

关法律相抵触，不利于国家治理体系现代化，成为社会发展进步的"绊脚石"。党的十八大以来，我们党进行了两次党内法规和规范性文件集中清理工作，共废止 376 件、宣布失效 425 件，解决党内法规制度中不适应、不协调、不衔接、不一致的问题，提高了党的制度建设科学化水平。

三　不折不扣遵守和执行

2019 年 11 月，党的十九届四中全会闭幕不久，中央宣讲团就奔赴全国各地开展宣讲，作报告 32 场，举办各种形式的互动交流活动近 50 场，直接听众约 45 万人，间接收听收看的达 1800 多万人。随后，各地各部门结合各自实际，开展了广泛深入的基层宣讲活动，推动在华夏大地迅速兴起学习宣传贯彻全会精神的热潮。

这次全会对党和国家各领域、各方面的制度进行了系统梳理和全面部署，是推进新时代中国特色社会主义制度建设的政治宣言书。学习好贯彻好全会精神，是全党全国首要的政治任务。当前和今后一个时期，要按照"科学谋划、精心组

中央宣讲团成员深入湖南省长沙县农村与村民座谈交流

学习宣传贯彻党的十九届四中全会精神热潮不断兴起

织，远近结合、整体推进"的要求，把全会精神贯彻落实到经济社会发展全过程各方面，推动中国特色社会主义制度更加成熟更加定型，把我国的制度优势更好地转化为国家治理优势。

强化制度权威。长期以来，我国是一个人情社会，人们的法治意识、制度意识不强，逢事喜欢讲个熟门熟道，制度规定面前动辄搞变通。比如，有的人对制度缺乏敬畏，根本不按制度行事，甚至随意更改制度；有的人千方百计钻制度空子、打擦边球；有的人不敢也不愿遵守制度，甚至极力逃避制度的监管，等等。各级党委政府和领导干部要始终对制度怀有敬畏之心，带头维护制度权威，做制度执行的表率，在全党全社会发挥好示范带动作用，推动形成全体人民共同尊崇制度、执行制度、维护制度的良好氛围。

 **特别关注** ◄

京张高铁的百年跨越

1909 年，詹天佑主持修建的首条中国人自行设计和建造的京张铁路落成；110 年后的 2019 年，在同样的地方，新修建的京张高铁正式运行。这条高铁从北京北站到张家口站，全长 174 公里。2016 年 4 月 29 日正式开工建设，历时 3 年半建成。京张高铁是中国第一条采用自主研发的北斗卫星导航系统的智能化高速铁路，也是世界上第一条最高设计速度 350 千米 / 小时的高寒、大风沙高速铁路。图为一列复兴号智能动车组在北京居庸关长城下飞速驶过。

彰显制度力量。"纵有良法美意，非其人而行之，反成弊政。"制度的生命力在于执行。不执行，再好的制度也是摆设，成为无人畏惧的"稻草人"，久而久之，就会形成"破窗效应"，带来的危害比没有制度还要大。制度执行，既需要有内在的自觉意识，也需要有外部的强制性约束。必须构建领导有力、执行坚决、监督全面的体制机制，加大问责力度，确保党和国家所有制度都能得到有效执行，确保所有单位和个人都严格执行制度，使制度时时生威、处处有效。

托举制度成效。"你的样子就是中国的样子，你什么样中国就什么样。"无数医护人员舍生忘死、日夜奋战，广大扶贫干部坚守一线、决战决胜，千万快递小哥顶风冒雨、服务万家……不同的面孔、一样的使命，构成了今天中国实干兴邦的奋斗姿态。只要14亿多中国人只争朝夕、不负韶华，一往无前地顽强拼搏、砥砺奋进，就能将制度优势转化为强大的治理效能，通达"中国之治"的新天地。

国之兴衰系于制，民之安乐皆由治。改革开放初期，邓小平同志曾自信满怀地说："我们的制度将一天天完善起来，它将吸收我们可以从世界各国吸收的进步因素，成为世界上最好的制度。"经过40多年的持续努力，中国特色社会主义制度大厦已经巍然耸立，制度优势充分彰显。我们相信，再经过30年的不懈奋斗，中国特色社会主义制度体系，必将日臻完善、发扬光大，为实现中华民族伟大复兴开辟更加壮阔的康庄大道。

深度阅读

1. 习近平：《决胜全面建成小康社会 夺取新时代中国特色社会主义伟大胜利——在中国共产党第十九次全国代表大会上的报告》，人民出版社2017年版。

2. 习近平：《关于坚持和发展中国特色社会主义的几个问题》，《求是》2019年第7期。

扫一扫

后 记

　　参加本书起草和修改工作的有：何亦农、颜晓峰、沈传亮、常培育、胡前安、孙贺、吴功铭、雷化雨、蓝茵茵、张含、陈谦、孙存良、王君琦、刘伟、穆兆勇、黄相怀、龚加成、许崇峰、汤磊、辛向阳、祝丹涛、于学国、江治强、严曦、孙飞翔、刘光明、龙虎、夏丰、李杰、王彧、郑丽平、韩保江、季正聚、双传学、张瑞才、李向军、齐东向、韩宪洲、杨小平、商志晓、张桥贵、喻立平、何祖坤、吕炜、王德强、张博颖、戴世平、王承哲、韩喜平、杨生平、邱吉、张明明、张际、曾维伦、赵勇富、杨正权、袁世军、张云峰、杨建军、熊卫松、陈睿、刘岩、高天琼、熊空军、李琦、侯勇、李海军、陈璐、李永杰、朱梦君、陈瑞来、何绍辉、邓晓东、陈印、沈静慧、欧阳辉、张垚、曹建文、张宝明、李仰智、卜志村、郭海军、佘双好、覃川、张浩、林志鹏、叶海涛、周雪梅、陈新剑、吴俊、严星、陈光华、向征、张瑜、胡靖、陈瑶、熊文景、韩绮颜、韩祥宇、潘一坡、邱安琪、孙君镕、杜哲、崔晓丹、韩翌旸、尹姮、豆颖康、柏林童、郭文杰、于浩、陈婷、王玉立、薛梦楠、李艳、杨芳、周泉、王蔚、喻春曦、梁楷之、王灿鑫、史锡哲、刘立晴等同志。侯军、谢祥、李念、杨丽雯同志自始至终参加了调研、起草、修改和统稿工作。王心富同志主持本书的编写工作。

本书在编写过程中，得到了中央有关部门和部分单位负责同志以及专家学者的大力支持。中央纪委国家监委、中央组织部、中央政法委、中央财办、中央党校（国家行政学院）、中央党史和文献研究院、全国人大常委会办公厅、外交部、司法部、民政部、生态环境部、文化和旅游部、国务院台湾事务办公室、国务院港澳事务办公室、中国社科院、中央军委政治工作部等部门和单位，穆虹、曲青山、陈宝生、李景田、施芝鸿、甄占民、夏伟东、张首映、张政、姜辉、王一鸣、靳诺、章传家等同志提出了宝贵意见。梁言顺同志审改了全部书稿。

编　者

2020 年 7 月